MW01257946

APLICACIONES DE LA ASERTIVIDAD

Olga Castanyer

185

APLICACIONES DE LA ASERTIVIDAD

3ª edición

Crecimiento personal
COLECCIÓN

Serendipity

Desclée De Brouwer

1ª edición: abril 2014
2ª edición: mayo 2014
3ª edición: octubre 2015

   EditorialDesclee

   @EdDesclee

Printed in Spain
ISNB: 978-84-330-2709-2
Depósito Legal: BI-389-2014
Impresión: RGM, S.A. - Bilbao

ÍNDICE

INTRODUCCIÓN

Bienvenidos a la lectura de *Aplicaciones de la Asertividad*. Este libro no está hecho para ser leído sin más, sino que quiere ser un instrumento útil para afrontar diversas situaciones que pueden causar dificultades asertivas.

En cierto modo, es la continuación del libro *La asertividad: expresión de una sana autoestima*. En este se dan pautas generales para trabajar las situaciones que más preocupan al lector y, a modo de ejemplo, se sugieren pasos para afrontar situaciones como realizar peticiones, expresar sentimientos y recibir críticas, y para afrontar la asertividad en la pareja y con los niños. Cuando terminé de escribir el libro, allá por el año 1996, era consciente de que habían quedado en el tintero muchas otras situaciones que merecían la misma profundización y atención. La idea de ampliar el libro de Asertividad con más situaciones surgió de las demandas concretas de mis clientes, que me transmitían la necesidad de saber más sobre algunas cosas que les ocurrían diariamente. Estuve barajando varias opciones hasta elegir las siguientes situaciones, que creo son las que más preocupan a la mayoría de las personas:

- Decir No
- Responder a agresiones verbales (burlas, críticas, desprecios…)
- Ser asertivo frente a un grupo
- Reclamar/quejarse (restaurantes, comercios…)
- Aprender a ser menos agresivo.

A estas situaciones se les ha sumado una muy curiosa que me sugirió una cliente y que a mí misma no se me había ocurrido: Cómo ser asertivo con uno mismo. En ese capítulo nos acercamos mucho a la Autoestima, uno de los pilares de la Asertividad.

Me gustaría ahora agradeceros y felicitaros. Agradecer, porque si estáis leyendo este libro, lo más probable es que también hayáis leído *La asertividad: expresión de una sana autoestima* y que su contenido os haya incitado a querer trabajar más. Y quiero felicitaros porque el hecho de estar interesados en este libro de Aplicaciones significa que queréis profundizar en la asertividad, que no queréis quedaros en los meros conocimientos generales, sino que afrontáis con valentía el camino hacia el cambio. Aunque la cosa se quede en simple curiosidad por conocer el contenido del libro, el primer paso para empezar a caminar ya está dado y aunque no pongáis en práctica inmediatamente las estrategias asertivas, algo nuevo se habrá instalado en vuestro interior, esperando ser recuperado para ponerse en práctica.

En el primer capítulo hacemos un repaso de lo que son los conceptos básicos de la Asertividad y al final tenéis las Diez Reglas Básicas para ser Asertivo, pero aun así os recomendamos que leáis (o releáis) el libro *La asertividad: expresión de una sana autoestima*.

Este libro es eminentemente práctico, ya que todo en él está pensado para ser aplicado a aquellas situaciones que más preocupen al lector. Aun así, a lo largo del texto se sugiere una serie de actividades que, como en el primer libro, están marcadas con el símbolo ☺ y que os recomendamos realizar como un primer acercamiento al tema que estáis leyendo.

Por último, y antes de empezar la lectura, os brindo estas sabias palabras de Virginia Satir. Ojalá éstas puedan ser las metas de cada uno de nosotros…

MIS METAS

Quiero amarte sin aferrarme.

Apreciarte sin juzgarte.

Unirme a ti sin invadirte.

Invitarte sin exigirte.

Dejarte sin sentirme culpable.

Criticarte sin hacer que te sientas culpable.

Y ayudarte sin ofenderte.

Si puedo obtener el mismo trato.

Podremos conocernos verdaderamente.

Y enriquecernos mutuamente.

1

RECORDATORIO: LA ASERTIVIDAD Y SU RELACIÓN CON LA AUTOESTIMA

En este capítulo queremos recordar algunos de los principios básicos de la Asertividad, tal y como los describíamos en el libro *La asertividad: expresión de una sana autoestima.*

En primer lugar, vamos a recordar la definición de la Asertividad:

La asertividad es la capacidad de autoafirmar los propios derechos, sin dejarse manipular y sin manipular a los demás.

Las palabras que podemos relacionar con el término asertividad son:

RESPETO

DERECHOS

COMUNICACIÓN

HONESTIDAD

IGUALDAD

AUTOAFIRMACIÓN

De la definición de asertividad que hemos puesto al principio se derivan unas capacidades que posee toda persona asertiva:

- Sabe decir "No" o mostrar su postura hacia algo
- Sabe realizar peticiones
- Se autoafirma
- Resuelve conflictos de forma que se respeten ambas partes
- Reacciona con autoestima ante las críticas
- Emite críticas de manera respetuosa
- Negocia acuerdos
- Sabe expresar sentimientos.

Es muy difícil ser asertivo si no se tiene una buena autoestima, y es cuando menos improbable que se pueda tener una buena autoestima si se carece de habilidades asertivas para exteriorizarla. Cuanto mayor autoestima tenga la persona, menos dependerá del exterior y de la opinión de los demás.

Pero, y esto es de suma importancia:

> Tanto la autoestima como la asertividad son habilidades con las que no se nace sino que se aprenden y, por lo tanto, en cualquier momento se pueden adquirir.

Los tres perfiles de la asertividad

Sería difícil entender la asertividad sin sus "alter-ego", las dos conductas que No son asertivas. Éstas son la *sumisión* y la *agresividad*. La asertividad, la agresividad y la sumisión no están opuestas entre sí, sino que forman parte de un continuo a lo largo del cual nos vamos moviendo las personas:

AGRESIVIDAD – ASERTIVIDAD – SUMISIÓN

La mayoría de nosotros vamos recorriendo este continuo a lo largo del día y dependiendo de las personas con las que nos estemos relacionando o de las situaciones en las que nos encontremos, nos mostraremos más sumisos, agresivos o asertivos.

Pero es igualmente cierto que todos tenemos unos llamados "patrones de conducta", que vienen a ser como "tendencias" a responder de una forma u otra que en algunas personas están más arraigados, y en otras no lo están tanto.

Estas son las principales características de los tres patrones de conducta:

La persona agresiva

Defiende en exceso los derechos e intereses personales, sin tener en cuenta los de los demás. A veces no los tiene realmente en cuenta, otras carece de habilidades para afrontar ciertas situaciones. En el momento de emitir la respuesta agresiva, la persona parece que no está "viendo" realmente a quien tiene delante (aunque a veces esto sucede porque no posee las suficientes habilidades empáticas como para ponerse en el lugar del otro). Por lo tanto, es difícil que ante una respuesta agresiva, la otra persona se sienta respetada.

El agresivo se muestra casi siempre –aunque solo sea aparentemente– como un ganador nato (o por lo menos lo intenta), mientras que el sumiso tiene la permanente sensación de salir perdiendo en la mayoría de sus encuentros sociales.

La persona sumisa

No se respeta a sí misma ni defiende sus propios derechos. A veces, se pone "demasiado" en el lugar del otro y se olvida de sí misma en su afán de complacer a los demás.

La sumisión está directamente relacionada con la baja autoestima. Sin embargo, la persona sumisa no está tan alejada de la agresiva como pueda parecer. Ambas quieren mostrar una conducta concreta para obtener del exterior algo que les refuerce (en el caso del sumiso, afecto y valía; en el caso del agresivo, reconocimiento, poder) y ambas tienen mucha necesidad de protegerse y no mostrar cómo se sienten realmente. La persona sumisa difiere de la agresiva en que es *más consciente* de su problema, digamos que lo sufre más.

Existe una tercera forma de conducta, la pasivo-agresiva, que viene a ser una mezcla de la conducta sumisa y la agresiva:

La persona pasivo-agresiva

Como está a caballo entre las conductas sumisas y agresivas, se le llama "Pasivo-agresivo" o "Sumiso-agresivo". Su principal estrategia es el *chantaje emocional*, es decir, lograr que los demás le hagan favores, le refuercen, le acompañen, a base de hacerles sentir culpables o en deuda con ellos. También pueden provocar en los demás la sensación de "no llegar nunca", o suscitar agresividad.

Pensamientos, Sentimientos y Conductas

Para poder trabajar con la asertividad es bueno contemplarla como un conjunto de *pensamientos, sentimientos y conductas* que hacen que nos sintamos respetados y respetemos a los demás. Estos llamados "tres sistemas de respuesta" están completamente entrelazados entre sí. No es posible prescindir de ninguno si queremos conocernos mejor. Si cambia uno, cambiarán los otros dos. Por ello:

Si quieres cambiar algún aspecto de ti, tendrás que cambiar por igual tus *pensamientos, sentimientos y conducta*.

Los *pensamientos* no asertivos son aquellos que temen o sobrevaloran la opinión de los demás en detrimento de la propia: "Van a pensar que soy un...", "Si digo esto, me van a rechazar", "Si me muestro como soy, voy a quedar mal".

Los *sentimientos* no asertivos son los que se viven cuando se supedita la propia persona a la evaluación de los demás: inseguridad, miedo, vulnerabilidad y también excesiva ira, desesperación, rabia.

Las *conductas* no asertivas pueden situarse en dos polos opuestos: pueden ser conductas sumisas, que son todas aquellas que se supeditan al otro, como callarse, seguir el juego de las otras personas, sobreadaptarse[1] a los deseos de la otra persona; o conductas agresivas, como son faltar al respeto, imponer o abusar.

Por otro lado, los *pensamientos* o automensajes asertivos pueden ser: "Tengo derecho a quejarme y me quejaré", "No estoy de acuer-

---

1. La "sobreadaptación", tal y como se describe en el libro *La asertividad: expresión de una sana autoestima* es una forma de adaptación extrema al entorno y a la persona con la que se está hablando, en un intento de satisfacer a los demás y cubrir satisfactoriamente todas sus expectativas.

do con esto, aunque todos piensen de forma distinta", "Entiendo que se sienta así, pero yo lo siento de otra manera".

Los *sentimientos* asertivos son muy parecidos a los que se tienen cuando hay autoestima alta: seguridad, coherencia, paz interior.

Las *conductas* asertivas son todas las que reflejan el respeto hacia sí mismo, igual que hacia los demás: expresar una opinión, aunque ésta sea impopular; saber decir "No" sin agredir al otro; discrepar o discutir, mostrando respeto a los demás, etc.

Dentro de las conductas, los *componentes no verbales* son igual de importantes que los verbales. Se consideran componentes no verbales:

- La mirada: las personas asertivas miran más mientras hablan que las personas sumisas, y con menor intensidad que las personas agresivas
- La expresión facial: la persona asertiva adopta una expresión facial que está de acuerdo con el mensaje que quiere transmitir
- La postura corporal: la persona asertiva adopta por lo general una postura cercana y erecta, mirando de frente a la otra persona
- Los gestos: en la persona asertiva, muestran desinhibición y naturalidad. Sugieren franqueza, seguridad en uno mismo y espontaneidad
- Los componentes lingüísticos, como el volumen, el tono, la fluidez y la velocidad. En la persona asertiva se sitúan en un término medio: ni muy elevados ni muy inhibidos, acordes a la situación y respetando a la persona.

☺ A modo de repaso, ponemos a continuación unas frases que se suelen decir con frecuencia las personas sumisas o agresivas. Intenta adivinar a qué perfil corresponden y reflexiona si te dices alguna de ellas con mayor frecuencia:

1. "Siempre es mejor no enfadar a los demás que salirte con la tuya"

2. "Los demás lo hacen todo mal o se equivocan siempre"

3. "Si algo te molesta, haz como si no lo oyeras y te ahorrarás conflictos"

4. "Si alguien te ha hecho algo desagradable, intenta comprender por qué lo ha hecho, pero no permitas que lo vuelva a hacer"

5. "Si te agreden, devuélvela siempre, si puedes, con más saña"

6. "Si estás seguro de algo, hazlo sin importarte lo que los demás opinen de ti". *

---

* Soluciones:
1. Perfil sumiso.
2. Perfil agresivo.
3. Perfil sumiso.
4. Perfil asertivo.
5. Perfil agresivo.
6. Perfil asertivo.

¿Cuándo es esto un problema?

Como hemos dicho, nadie es totalmente asertivo ni totalmente no asertivo. Todos nos movemos a lo largo de una especie de línea continua en la cual, dependiendo de circunstancias externas e internas, nos situaremos en un punto u otro. Siempre hay personas concretas que nos hacen comportarnos de forma sumisa, agresiva o asertiva y situaciones concretas en las que manifestamos una de esas tres conductas. A continuación, reflejamos las principales situaciones en las que necesitamos comportarnos de forma asertiva y que con frecuencia nos acarrean dificultades para serlo plenamente:

Situaciones en las que es necesaria la práctica de la asertividad

- Decir No
- Emitir críticas
- Recibir críticas
- Supervisar
- Expresar sentimientos
- Manifestar una opinión
- Discutir
- Realizar peticiones.

No obstante, existen personas que traspasan estas dificultades situacionales, colocándose en un punto "demasiado" no-asertivo. Muestran más conductas agresivas o sumisas que de otro tipo. Estas personas tienen dificultades para relacionarse con los demás y generalmente se sienten insatisfechas, tristes, enfadadas, frustradas, infravaloradas, etc.

Si esto ocurre con mucha frecuencia después de una interacción, se puede decir que la persona tiene dificultades de asertividad que necesitan ser tratadas.

El límite entre lo que se considera un desajuste "normal" y un problema que quizás necesite una intervención concreta puede venir caracterizado por los siguientes síntomas o señales:

- Nuestra propia angustia: ¿Podemos olvidarnos de ello con facilidad o por el contrario es algo que nos preocupa constantemente?
- Frecuencia: ¿Es un problema puntual que solo ocurre de vez en cuando o se repite a menudo, abarcando áreas amplias de nuestra vida social?
- Sentimientos y sensaciones: ¿Después de una interacción nos sentimos con frecuencia infravalorados, frustrados, desatendidos? ¿Tenemos la sensación de no decir todo lo que pensamos, de no conseguir nuestros objetivos?
- Automensajes: Nuestras conclusiones después de una interacción suelen ser del tipo:
  - He dicho algo que el otro interpretó mal, se lo tomó como algo personal
  - Se enfadó demasiado, le sentó mal, respondió bruscamente
  - Daba vueltas y vueltas sobre si decir lo que realmente quería decir
  - El otro pensó que soy un inútil, un mentiroso, un vago…
  - Me escucha pero pasa de mí
  - Nunca me escuchan
  - El otro se rió de mí, hizo un chiste de lo que yo había dicho
  - No conseguí decir lo que sentía
  - Me enfadé demasiado
  - Me sentí culpable por decir… y lo dejé
  - Le dije algo de lo que luego me arrepentí.

¿Nos vemos reflejados en estos ejemplos?

☺ Te proponemos un pequeño ejercicio para delimitar mejor tu grado de asertividad. Se trata de un llamado Autorregistro. Durante cinco días, al final de la jornada, apunta las veces en las que, a lo largo de ese día, no te hayas sentido satisfecho tras una interacción social (no importa que haya sido una comunicación superficial, como comprar el pan o una más compleja, como discutir con tu hijo adolescente el horario de llegada a casa). Rellena después las casillas de la derecha, según consta en las instrucciones.

REGISTRO DE COMPORTAMIENTO ASERTIVO

FECHA

DESCRIPCIÓN DE LA SITUACIÓN: CUÁL FUE MI CONDUCTA	1	2	3	4	5	6	7	8

☺ Instrucciones:

Pon "Sí" o "No" en las casillas correspondientes, respondiendo a estas preguntas:

1. Mi tono de voz, ¿fue amable pero firme?
2. ¿Expuse mi razonamiento sin dar demasiadas explicaciones?
3. ¿Me expresé con suficiente claridad como para que el otro comprendiera lo que decía?
4. Mi expresión y gestos ¿comunicaban lo que sentía?
5. ¿Me enfrenté realmente con el problema?
6. ¿Solicité con claridad un cambio de conducta por parte de la otra persona?
7. ¿Quedé satisfecho de mi comportamiento asertivo?
8. ¿Quedó resuelto el problema?

Cuantos más respuestas con Sí hayas puesto, más asertivo serás. Cuatro o más respuestas de No significan que tienes dificultades asertivas, ya sean en la línea agresiva o sumisa. En este registro podrás ver qué tipo de situaciones te acarrean más dificultades asertivas. Te recomendamos que durante un tiempo te observes más profundamente e inicies un trabajo de cambio de los patrones de conducta que posees ahora mismo.

Estrategias asertivas

Como hemos dicho, la asertividad se aprende, nadie nace siendo más o menos asertivo. En cualquier momento de nuestra vida podemos decidir cambiar la dinámica que teníamos hasta entonces y sustituirla por otra más sana y respetuosa.

Para aprender a pensar, sentir y comportarse de forma asertiva hay que desarrollar unas estrategias internas (automensajes, disminución de ansiedad, reestructuración cognitiva...) y unas estrategias externas (conductas de afrontamiento asertivo).

Respecto a las estrategias internas, en primer lugar hay que tener claro que se tienen unos DERECHOS Asertivos, que aseguran que tanto nosotros como las personas con las que nos relacionamos merecemos ser tratados con respeto. En segundo lugar, se pueden aplicar métodos para sustituir nuestros pensamientos dañinos (sumisos o agresivos) por otros más asertivos y respetuosos: reestructuración cognitiva o técnicas de automensajes como la Técnica de los Cuatro Momentos. Dentro de las estrategias internas también están técnicas de relajación o respiración para reducir la ansiedad que puede estar bloqueando la emisión de una respuesta asertiva.

Todas estas estrategias vienen explicadas en el libro *La asertividad: expresión de una sana autoestima.*

Respecto a las estrategias externas, las principales son, resumidas:

Respuestas asertivas

Respuesta asertiva elemental

Expresión llana y simple de los propios intereses y derechos.

Asertividad positiva

Expresión adecuada de lo bueno y valioso que se ve en las otras personas.

Respuesta asertiva empática

Planteamiento inicial que transmite el reconocimiento hacia la otra persona y un planteamiento posterior sobre nuestros derechos e intereses.

La asertividad empática suele seguir la siguiente fórmula:

Entiendo/Comprendo que digas/hagas..., pero yo pienso/quiero...

Mensajes yo

Estos son los pasos a seguir:

1. Descripción, sin condenar, del comportamiento del otro o de ambos. "Cuando tú/nosotros..."
2. Descripción de los propios sentimientos al respecto. "Me siento/he sentido..."
3. Descripción objetiva del efecto del comportamiento del otro. "Y por eso hago/hice..."
4. Sugerencia de cambio en el otro/en ambos. "¿Por qué no...?".

Técnicas para discutir

Técnica del disco roto

Esta es la técnica más extendida y la que aparece en todos los libros que se han escrito al respecto.

Consiste en repetir el propio punto de vista una y otra vez, con tranquilidad, sin entrar en discusiones ni provocaciones que pueda hacer la otra persona.

Banco de niebla

Esta es otra de las técnicas más extendidas. También se la llama "técnica de la claudicación simulada".

Consiste en dar la razón a la persona en lo que se considere puede haber de cierto en sus críticas, pero negándose, a la vez, a entrar en mayores discusiones.

Aplazamiento asertivo

Esta respuesta es muy útil para personas indecisas y que no tienen una rápida respuesta a mano o para momentos en los que nos sentimos abrumados por la situación y no nos vemos capaces de responder con claridad.

Consiste en aplazar la respuesta que vayamos a dar a la persona que nos ha criticado, hasta que nos sintamos más tranquilos y capaces de responder correctamente.

Técnica para procesar el cambio

Esta técnica es muy útil, ya que no suscita agresividad en la otra persona ni incita a nadie a defenderse y ayuda tanto a la persona que la emite como a la que la recibe.

Consiste en desplazar el foco de discusión hacia el análisis de lo que está ocurriendo entre las dos personas. Es como si nos saliéramos del contenido de lo que estamos hablando, nos viéramos "desde fuera" y lo reflejáramos a la otra persona.

Técnica de la pregunta asertiva

Esta técnica es muy conocida; de hecho responde al dicho de "convertir al enemigo en aliado" y es de probada utilidad.

Consiste en darle la vuelta a la crítica que nos están haciendo y tomárnosla como algo útil de lo que podemos aprender, sin importarnos que haya sido emitida con buena o mala intención.

Como de todo se puede aprender, instigaremos a la persona a que nos dé más información acerca de los argumentos que sustentan su crítica, para así tener claro a qué se refiere y en qué quiere que cambiemos. Luego ya decidiremos nosotros si queremos cambiar y cómo.

El tema de la Asertividad está cada vez más a la orden del día, hasta haberse convertido, sobre todo en el mundo empresarial, en una "moda". Parece como si, de pronto, a todo el mundo se le hubiera ocurrido que posee pocas habilidades asertivas y quisiera mejorarlas; y también parece que si no se desarrollan al máximo estas habilidades, nunca conseguiremos vender correctamente un producto o tener éxito en nuestra profesión.

El concepto de "asertividad" conlleva un peligro. Los lectores que hayan acudido a uno de los llamados "cursos de asertividad" que ofrecen muchas empresas o hayan leído ciertos libros sobre el tema, pueden estar algo asustados (o excesivamente entusiasmados) ante la supuesta pretensión de los mismos: estar por encima de los demás, no dejarse apabullar en ningún caso y ser, en definitiva, siempre el "que gana".

Pues bien, la asertividad, tal y como la tratamos en este libro, no es eso. Nosotros la situamos muy cerca a la autoestima, como una habilidad que está estrechamente ligada al respeto y cariño por uno mismo y, por ende, hacia los demás.

Resumiendo lo que queremos transmitir a lo largo del libro, para poder considerarnos realmente asertivos con todo lo que conlleva de autoestima, tendremos que seguir los siguientes pasos:

- Conocerse: autoobservarse, comprenderse, aceptarse
- Tener presentes los *derechos* y *criterios propios*
- Contemplar las situaciones de la forma más *objetiva* posible
- Desarrollar *empatía* hacia los demás
- Aplicar *estrategias asertivas* en el pensamiento y la conducta.

Aquí queremos hacer una puntualización muy importante, que repetiremos a los largo de este libro: por muy asertivo que se sea, no se va a poder cambiar sin más la conducta de los demás. La función de la asertividad es expresar el respeto que uno siente hacia sí mismo y reclamar ese mismo respeto de los demás, pero no lograr que el otro cambie y deje de ser, por ejemplo, agresivo. Una persona solo estará dispuesta a cambiar si *reconoce* que tiene una dificultad y ésta le trae algún tipo de malestar. Nadie tiene el poder para lograr que quien no lo quiera, cambie.

En este libro vamos a describir algunas situaciones en las que se pone en juego la asertividad y en las que puede costar no caer en una conducta sumisa o una agresiva. A las situaciones que describimos en el libro *La asertividad: expresión de una sana autoestima*: Realizar peticiones – Responder a críticas – Expresar sentimientos – Asertividad en la pareja – Educar en Asertividad, añadimos aquí las siguientes:

- Decir No
- Ser asertivo frente a un grupo
- Ser asertivo frente a la agresividad
- Reclamar/quejarse en restaurantes, tiendas…
- Ser asertivo consigo mismo.

Para cada una de ellas sugeriremos unas estrategias internas (automensajes, reestructuración cognitiva) y unas estrategias externas (técnicas de afrontamiento asertivo). Por último, dedicaremos un capítulo, "Cómo ser menos agresivo", a las personas que emiten frecuentemente respuestas agresivas y desean mejorar su comunicación utilizando la asertividad.

A continuación presentamos una tabla con las situaciones en las que se necesita aplicar asertividad (tanto las descritas en el libro *La asertividad: expresión de una sana autoestima* como las de éste) y las estrategias asertivas que recomendamos para cada una de ellas.

TÉCNICAS ASERTIVAS MÁS EFICACES PARA SITUACIONES CONCRETAS

	DECIR NO	CRITICAS	BURLA	DESPRECIO	CULPA	AMENAZA	DEJAR EN EVIDENCIA	CHANTAJE EMOCIONAL	REALIZAR PETICIONES	GRUPO	PAREJA
ASERTIVIDAD EMPÁTICA								XX		XX	XX
MENSAJE YO				XX	XX			X	XX		XX
BANCO DE NIEBLA	XX	XX			XX		X				
APLAZAMIENTO ASERTIVO	XX	X				X					
TÉCN. PROCESAR CAMBIO	X		XX				XX	XX			
IGNORAR		XX									XX
ACUERDO ASERTIVO	X	XX									
PREGUNTA ASERTIVA		XX	XX	XX		XX					

Nota: no están incluidas en este cuadro las técnicas de *Asertividad Elemental*, y *Disco Rayado* porque se entiende que éstas no están ligadas a ninguna situación concreta. Son técnicas que se aplican universalmente, solas o complementando alguna de las que aparecen en el cuadro.

2

APRENDER A DECIR "NO"

Aprender a decir *No* es uno de los principales objetivos de las personas que se interesan por la asertividad. Hay personas que sufren enormemente cuando tienen que negarse a hacer o decir algo que va en contra de lo que otros quieren o consideran válido. A la vez, esta es la destreza en la que más se equilibran el respeto hacia uno mismo con el respeto hacia la otra persona, porque a las personas que utilizan respuestas agresivas les resulta muy fácil decir *No* de manera invasiva y poco considerada hacia el otro. Por el contrario, a las personas sumisas les cuesta mucho respetar sus propios criterios y decir *No* a costa de que el otro se enfade con ellos.

Hace falta saber escucharse y respetarse a sí mismo tanto como empatizar y respetar a los demás, para poder decir *No* con convicción y consideración.

Las personas que saben decir *No* lo hacen inconscientemente, sin plantearse más que: "¿lo quiero - no lo quiero?" y ven ese decir *No* como una sola acción: no quieres algo - dices que no. Sin embargo están emprendiendo, sin darse cuenta, toda una serie de pasos cognitivos y conductuales. Algunos tienen que ver con procesos internos –automensajes asertivos– y otros con estrategias externas –conductas asertivas.

Para aprender a decir *No* adecuadamente tenemos que identificar cuáles son esos pasos, ver cómo podemos desarrollarlos y finalmente automatizarlos, de manera que a la larga nos salgan espontáneamente, sin tener que discernir cómo actuar en cada situación.

¿Cuáles son esos pasos? Podemos dividirlos en dos *estrategias internas* y dos *estrategias externas*:

- Claridad de criterios. (Estrategia interna)
- Evaluación de las intenciones del otro. (Estrategia interna)
- Expresión adecuada del "no". (Estrategia externa)
- Reacción adecuada ante insistencias. (Estrategia externa).

APRENDER A DECIR "NO"

Estrategias internas

Tener criterios claros

No siempre se le da su justa importancia a este requisito primordial para lograr decir *No*.

Tener criterios claros no significa solamente estar bien informado o saber exactamente lo que quieres ser y hacer en la vida, sino también tener claro si algo lo haces por ti o por gustar y no defraudar a los demás. O si lo haces por ti o para que te acepten y valoren. En suma, tener claro por qué haces las cosas que haces y tomas las decisiones que tomas.

Tener criterios claros tiene mucho que ver con la autoestima y requiere un aprendizaje de estrategias internas.

En este punto hay que trabajar, por un lado, los esquemas mentales o las convicciones que pueden estar influyendo en que la persona no tenga claros sus criterios de elección. Remito al capítulo 5 del libro *La asertividad: expresión de una sana autoestima*, en donde se profundiza más en el tema. Basándonos en las teorías de Albert Ellis, lo que normalmente hace que una persona anteponga los criterios de los demás a los suyos propios es el esquema mental que se podría definir como: "Es necesario ser querido y aceptado por todo el mundo". Las personas que poseen fuertemente arraigado este esquema mental suelen tener la autoestima baja y buscan sentirse reforzados por los demás (a través del cariño, la admiración o la valoración) más que intentar autorreforzarse, porque no ven mucho que valorar en su interior.

Una forma de relativizar este esquema mental es confrontándolo con la realidad a base de cuestionar una y otra vez la lógica o la objetividad de dicho esquema. Planteamientos típicos que se podría hacer la persona son: "¿Por qué me empeño en gustar a todos si a mí tampoco me gusta todo el mundo/si cada uno quiere algo distinto de mí?", "Si no le(s) gusta mi postura, no significa que me vaya(n) a rechazar como persona", "Y si me rechazan, ¿qué? Si este amigo me rechaza por opinar de forma diferente, no me vale la pena su amistad".

Por otro lado, la persona debe tener claras sus propias actitudes y opiniones. Tiene que poder discernir si, al emitir una respuesta está eligiendo libremente o está condicionada por la opinión que vayan a tener los demás de él o ella. Para ello recomendamos realizar ejercicios de reflexión sobre cuáles son verdaderamente sus propios gustos y valores, como éste que sugerimos a continuación:

☺ CUESTIONARIO DE AUTOCONOCIMIENTO

- ¿Qué te gusta, cuáles son tus hobbys y aficiones? (Los realices actualmente o no)
- ¿Con qué disfrutas, te sientes tranquilo y en paz?
- Si piensas en tres personas que valores, que admires, ¿Por qué es? ¿Qué cualidades tienen? (¡Seguramente, sus cualidades tienen mucho que ver con tus propios valores!)
- ¿Qué te emociona (en positivo)?
- ¿Qué tipo de actitudes te producen rechazo?
- ¿Qué ideales tienes para ti, para el mundo?

En este punto convendría que la persona no solo tuviera claro qué quiere y qué no quiere, sino que utilizara todos los mecanismos posibles para reforzarse una y otra vez en sus convicciones (apuntándolas, repitiéndolas, introduciéndolas en la conversación que tenga con los demás, etcétera.).

Pero por muy claros que tengamos nuestros criterios, también tenemos que estar atentos para prevenir posibles respuestas automáticas que con frecuencia emitimos por inercia.

Es importante aprender a romper la tendencia a "dejarse llevar" por las situaciones. Muchas veces se cede o se hace por pura inercia algo de lo que luego uno se arrepiente. La persona se ve envuelta en la situación y responde como el otro le pide. Algo que no se suele hacer al respecto es reflexionar sobre el "después" de haber emitido esa respuesta: "¿Cómo me sentiré después de haber cedido o accedido a esto que realmente no quiero hacer?". Una forma de recuperar el control es tener claro ante qué situaciones, personas o lugares nos sentimos más indefensos y, por lo tanto, es más probable que no respondamos según nuestros criterios.

Estas situaciones, una vez delimitadas, deberían prepararse, analizándolas momento a momento y teniendo claro qué decirse a sí mismo y cómo actuar en cada momento o ante cualquier imprevisto.

Saber evaluar la intención de los que te ofrecen o piden algo

Esto implica una reflexión sobre el otro, ver cuál es el grado de relación que tengo con la persona, si ha intentado manipularme en otras ocasiones o siento confianza hacia él o ella. ¿Por qué quiere que acepte? ¿Qué beneficio obtiene el otro si le digo que sí?

Dentro de este apartado situamos el necesario análisis de las intenciones del otro, pero también de las expectativas que creemos que hay puestas sobre nosotros.

¿Qué expectativa estoy queriendo cumplir? Muchas personas a las que se acusa de que "no tienen personalidad" actúan por una interpretación deficitaria o distorsionada de lo que los demás esperan de ellas, siendo así que muchas veces la persona se construye un rol con lo que cree que los demás esperan de ella. Por el contrario, también es muy frecuente la manipulación por parte de un grupo hacia una persona concreta, aunque ésta sea de manera inconsciente: una persona "le puede venir bien" a un grupo por ser la más transgresora, la más valiente o la que siempre da la cara.

Por ambas razones es muy importante que la persona que quiere aprender a decir *No* tenga claro cuáles son las expectativas propias y ajenas que hay puestas sobre ella y su conducta y que decida por sí misma qué hacer con ellas.

Respecto a las intenciones, las personas se sitúan en dos posibles extremos: las hay que van por la vida de forma "inocente", creyendo que todo el mundo es bueno y, por el contrario, hay personas que siempre sospechan de los demás, creyendo que todo el mundo esconde una intención maléfica. ¿Con qué postura quedarnos? Evidentemente, con ninguna de ellas. La constatación es que, dado que nunca podremos saber con certeza cuáles son las intenciones de nadie respecto a nosotros, lo mejor es actuar según nuestro propio criterio, con independencia de lo que la otra persona quiera. ¿Qué importa si nuestro jefe tiene buena o mala intención al pedirnos que nos quedemos trabajando más allá de la hora estipulada? Si lo consideramos necesario nos quedaremos y si no, no nos quedaremos. ¿Qué importa si mi amiga me está queriendo manipular cuando me dice llorando que si no la ayudo caerá en depresión? Si quiero ayudarla porque así lo he decidido, la ayudaré y si considero que no necesita tanto de mi ayuda, no lo haré o lo haré de la forma que yo sienta más válida. Lo que tiene que prevalecer en todo momento es mi criterio. Podemos escuchar a los demás, por supuesto, nos pueden aportar argumentos que nos hagan ver las cosas desde otra perspectiva o nos hagan cambiar nuestra conducta, pero nunca lo haremos en base a lo que creemos que la otra persona quiere de nosotros, porque entonces estaremos dependiendo de ella.

Respecto a las expectativas que haya depositadas en nosotros, podemos ayudarnos aprendiendo a ser más empáticos, planteándonos por ejemplo. "¿Desde dónde me está hablando el otro?". Al salirnos de nuestro egocentrismo y nuestro pensamiento autorreferencial ("la conducta de los demás es porque yo…"), podemos liberarnos algo de la preocupación por cómo quedaremos, qué pensarán si hacemos tal cosa, etc. Realmente, hay tantas expectativas y necesidades como personas y el que tenga claro esto ya no tiene por qué preocuparse de la imagen que dé o temer un rechazo masivo.

También se puede analizar el papel que cada uno tiene en un grupo y confrontarlo con las propias necesidades: "¿Realmente necesito mostrarme tan… para que me admiren?", "¿Me compensa este papel que desempeño, a costa de mi propio bienestar y autoestima?", "Y si digo que *No* a algo, ¿me descalificarán como persona, ya no les valdré para nada?", etcétera.

Estrategias externas

Saber expresar el No de forma adecuada

Esto incluye dos cosas: por un lado hay que saber cómo decir *No*, qué palabras y expresiones concretas utilizar, y también qué gestos, miradas y ademanes son los adecuados.

Por otro lado hay que saber aplicar estas estrategias para decir *No*: tener claro en qué contexto y con qué personas puedo decir *No* y de qué forma. No es lo mismo decir *No* a un padre que a un "camello" que te ofrece droga, a un amigo o grupo de amigos que a un jefe. En todos los casos se requiere dar con la formulación verbal y no verbal más adecuada a la situación y que no produzca rechazo o incomprensión.

Independientemente de que una persona tenga claros sus criterios y contemple la realidad con mayor o menor objetividad, si no sabe de qué forma decir *No* o autoafirmarse en sus convicciones, poco conseguirá en este campo de la asertividad. La correcta elección y expresión de fórmulas asertivas es un área esencial que no debe de ser pasada por alto de ninguna manera.

A continuación presentamos las fórmulas más extendidas para expresarse con asertividad en situaciones que requieren decir *No*:

Asertividad elemental

Normalmente será la Asertividad Elemental la que utilizaremos para comenzar a decir *No* ante las propuestas de los demás, expresando de forma sencilla que no estamos de acuerdo y dando una breve explicación. Esto último es importante. Si no damos ninguna explicación, los demás lo pueden interpretar como inseguridad, lo que puede dar lugar a mayores insistencias y será necesario un mayor esfuerzo por nuestra parte para mantenernos en el *NO*. Al no dar información, la otra persona puede interpretar también que estamos enfadados o que queremos cortar la comunicación, lo que no siempre será cierto. Y si damos demasiadas explicaciones, estaremos justificándonos en exceso. Eso es negativo de cara a los demás porque pueden interpretar –correctamente– que estamos inseguros, pero sobre todo es negativo para nosotros, porque al justificarnos estamos situándonos en un plano inferior, de nuevo estaremos supeditando nuestra actuación al beneplácito del otro y eso no nos va a ayudar a ser asertivos.

Lo mejor es dar una explicación que describa la razón de nuestro *No*, pero que sea breve, no más de una o dos frases:

—¿Te vienes a la comida de Navidad?

—No, tengo mucho trabajo y este año prefiero no ir.

—¡Venga, anímate a tomar la última copa!

—No, ya he bebido mucho y no quiero pasarme.

A la hora de decir *No*, es muy importante la conducta no verbal que tengamos. Quien dice *No* con la cabeza o la mirada baja, el tono de voz vacilante y sin vocalizar, estará expuesto a que los demás insistan y se termine cediendo por agotamiento. Para modular correctamente nuestra respuesta tenemos que:

- Mantener el contacto visual con nuestro interlocutor.
- Mantener una postura erguida corporal.
- Hablar de forma clara, audible y firme.
- No hablar en tono de lamentación, sino de forma explicativa.
- Si podemos y si la situación no es muy violenta, mantener una expresión facial amable, con una sonrisa o media sonrisa.

Para ello es bueno (¡y divertido!) hacer "ensayos" de conducta, imaginando una situación probable y actuando verbal y no verbalmente como si se tratara de la realidad (*role-playing*), con alguien de confianza o frente al espejo.

Banco de Niebla

Es útil cuando el otro es "duro de roer" o muy hábil. Se recomienda utilizar el *Banco de Niebla* cuando ya hemos intentado otras estrategias y no han resultado o cuando sabemos de antemano que no podremos llegar a un acuerdo con la otra persona. Recordemos que el *Banco de Niebla* consiste en dar la razón a la persona en lo que se considere puede haber de cierto en lo que dice, o mostrándose de acuerdo con su argumento pero sin consentir en cambiar de postura. Por ejemplo:

—¡Tienes que firmar a favor de este acuerdo ya!

—Es posible que tengas razón, seguramente me convendría firmar, pero ahora no siento que sea el momento de hacerlo.

—¿Me puedes acompañar al médico mañana a las 9:00? Ya sabes lo importante que es para mí esa cita.

—Sí, sé que es muy importante que te acompañe, pero no puedo pedir permiso en el trabajo con tan poca antelación.

Técnica del aplazamiento asertivo

Es útil cuando nos sentimos abrumados por la situación y no somos capaces de responder o decidir con claridad. Aplazamos entonces la respuesta hasta que nos sintamos más tranquilos.

—Hemos organizado una ascensión al Kilimanjaro para el próximo fin de semana. Te vienes, ¿verdad? ¿Te apunto ya?

—Me lo tengo que pensar, te llamo y te lo digo.

—Convendría que intentaras quedarte más tarde de la hora estipulada en el trabajo. Aunque has justificado que tienes que irte no más tarde de las 17:30, eres la única persona que no se queda y estás quedando mal…

—Ahora no puedo darte una respuesta. Mañana te digo algo.

Técnica del acuerdo asertivo

Esta técnica es útil cuando tememos que nuestra negativa vaya a dar lugar a interpretaciones erróneas sobre nosotros y nuestra personalidad. Expondremos nuestra negativa, pero dejando claro en todo momento que esta no tiene nada que ver con el hecho de ser buena o mala persona, un cobarde o un valiente, un"duro" o un "blando".

—¿Que no quieres saltar la valla del parque y hacer botellón? Pues vaya *pringao* que estás hecho…

—Pues no, no quiero hacerlo, pero eso no quiere decir que sea un *pringao*.

—Cualquiera con dos dedos de frente diría que sí a esta oferta tan interesante.

—Te repito que no y que eso no tiene nada que ver con que yo sea tonta o lista.

Saber reaccionar adecuadamente ante las insistencias

Este punto es el gran olvidado en muchos de los paquetes de herramientas que se promulgan para saber decir *No*. Pero no hay que pasarlo por alto pensando que es poco probable que ocurra, sino que hay que dar por hecho que el otro va a insistir y estar preparado para ello.

Muchas personas saben (o aprenden) a decir que *No*, pero ¿y si el otro insiste? ¿Y si utiliza un chantaje emocional, una ironía, un desprecio? ¿Y si me habla agresivamente o me grita? Seguramente, la persona recién estrenada en este campo del decir *No* se vendrá abajo con facilidad y tendrá la sensación de que estas estrategias no le valen. Hay que tener muy en cuenta este factor, ya que lo normal es que los demás insistan. Tanto el vendedor de droga como el jefe o el grupo de amigos intentarán, cada cual por sus razones particulares, que la persona ceda y haga lo que ellos demandan. Por lo tanto, junto a las estrategias concretas para decir *No* hay que aprender a afrontar todo tipo de insistencias.

Una de las acciones que se proponen para afrontar las insistencias es realizar un análisis de las estrategias del otro. En vez de introducirse en el círculo angustioso de tratar de defenderse a la vez que se siente que se está perdiendo cada vez más terreno, habría que observar al otro con calma para ver qué estrategias está utilizando para convencerme. Algunas de las más comunes son: irse por peteneras e intentar desviar el tema; atacar con críticas globales; realizar chantajes afectivos; utilizar ironías o jugar a agotar: insistir e insistir hasta que el otro cede.

Una vez vista la estrategia hay que actuar en consecuencia, utilizando de nuevo algunas de las técnicas asertivas descritas en este y en el capítulo *Cómo reaccionar ante una agresión verbal*. Las dos estrategias más comunes para hacer frente a las insistencias son:

Disco rayado

Es la técnica más extendida para insistencias. Recordemos que consiste en volver al punto esencial, repitiendo nuestro punto de vista una y otra vez con tranquilidad y sin entrar en discusiones ni provocaciones con las que el otro, seguramente, intentará confundirnos.

—¿Vas a venir a mi despedida de soltera?

—Mira, no voy a poder, es que ese día mi marido está de viaje y no tengo con quién dejar a los niños.

—Anda, inténtalo, ya sabes lo importante que es para mí que vengas…

—Sí, ya lo sé, pero no puedo dejar a los niños con nadie.

—Contrata a una canguro.

—Ya, pero nuestra canguro no puede ese día.

—Pues déjalos solos, ya son mayorcitos…

—Sí, pero ya te digo que prefiero quedarme con ellos.

—¿Le vas a hacer esto a una amiga?

—Ya te he dicho que lo siento de veras, pero no puedo dejar a los niños con nadie.

Técnica para procesar el cambio

Recordemos que consiste en desplazar el foco de la discusión hacia el análisis de lo que está ocurriendo entre las dos personas. Es como si nos saliéramos de la situación en la que nos encontramos y nos viéramos desde fuera. Así podremos decirle a la otra persona cuál es la estrategia que creemos haber detectado en su insistencia: "Me parece que estás intentando desviar el tema, y me gustaría que continuáramos hablando sobre esto", "Nos estamos enzarzando, sacando trapos sucios y así no vamos a llegar a nada".

Es muy útil también detectar cuáles son nuestros "puntos flacos", es decir, ante qué argumentos saltamos, nos sentimos dolidos, nos quedamos bloqueados, para tener una respuesta preparada en el caso de que el otro esgrima un argumento que nos pille con la guardia baja.

3

CÓMO AUTOAFIRMARSE
ANTE UN GRUPO

- Has quedado con tus amigos para tomar algo. La mayoría quiere ir a una discoteca, pero tú quieres sugerir un sitio más tranquilo
- Vives en una residencia de estudiantes. Es costumbre hacer una "novatada" a los estudiantes nuevos. Este año les están preparando una jugarreta que a ti te parece exagerada y humillante
- En tu trabajo se está decidiendo cómo realizar un proyecto. La gran mayoría opina de una manera, pero tú tienes claro que de esta forma el proyecto va a fracasar y quieres aportar tu solución.

¿Qué hacer en estas situaciones? Se podrían dejar pasar, claro, y no intervenir, "ceder" de alguna manera, pero lo más probable es que después nos sintiéramos mal con nosotros mismos: o culpables por no haber intervenido o cobardes sin solución. Hay personas que encuentran rápidamente alguna explicación que darse y que se justifican por su falta de actuación: "De todas formas era difícil hacer lo que yo pretendía", "No habría servido de nada mi intervención", "No me habrían hecho ni caso…". Pero lo más probable es que, a la larga, estas personas se sientan crónicamente a disgusto consigo mismas, con una sensación perenne de no ser respetadas, pero incapaces de encontrar causas concretas que justifiquen esa sensación.

En cualquier caso, y aunque ceder no signifique un cambio trascendental en la vida de las personas, tenemos derecho, por lo menos, a expresar nuestra opinión e intentar que salga adelante. Si no nos hacen caso, al menos habremos dicho lo que opinábamos.

Estrategias internas

El miedo que acompaña a este tipo de situaciones tiene que ver, como tantas veces, con lo que los demás pensarán de nosotros, con la imagen que estemos dando. Y no nos cansaremos de repetir que ese miedo es absurdo, ya que cada persona pensará cosas muy distintas dependiendo de su forma de ser, su experiencia y sus esquemas. Por lo tanto, es imposible gustar a todo el mundo: por muy bien que lo hagamos, habría por lo menos una persona a la que no le gustará nuestra actuación, igual que a nosotros tampoco nos gustan las actuaciones de todo el mundo.

Por lo tanto, a la hora de expresar una opinión o una decisión ante un grupo, podemos pensar que:

- Tenemos derecho a expresar nuestra opinión, siempre y cuando lo hagamos con educación y sin herir a los demás.
- No podemos gustar a todo el mundo, por lo tanto, hagamos lo que hagamos siempre habrá alguien que se sienta molesto, a disgusto o incluso atacado por nosotros. Si hemos expresado nuestra opinión con educación, ese será su problema, no el nuestro.
- Lo importante es autoafirmarnos, no que los demás cambien. Por supuesto que todos queremos que las otras personas cambien de opinión, de conducta, de actitud… de forma que coincidan con la nuestra. Pero eso es humanamente imposible, aparte de que el otro… ¡pretende lo mismo de nosotros! Las personas solo cambian si ellas lo deciden, porque tengan una motivación tan fuerte que les empuje a emprender el duro camino de cambiar de conducta, esquemas u opiniones. Normalmente los cambios se producen porque comprobamos que con nuestra actitud habitual no conseguimos lo que queremos o que incluso nos genera

consecuencias negativas. Si no, no cambiaremos. Por lo tanto es iluso pretender que con nuestra expresión, por muy asertiva que sea, los demás van a "entrar en razón" e incluso pedirnos perdón. Lo más que podemos esperar es haber expresado lo que queríamos y ser respetados por ello.

- Nosotros decidimos sobre nuestra actuación. Si permitimos que la opinión de los demás nos intimide les estamos dando poder sobre nosotros, ya no seremos nosotros los que tengamos el control sobre nuestras actuaciones. Y eso es lo que nos genera esas sensaciones de "no ser respetados". Por lo tanto, debemos esforzarnos en no olvidar que tenemos la última decisión sobre nosotros mismos. En las situaciones que describíamos al principio del capítulo, los otros pueden hacernos caso, o pasar olímpicamente de nosotros. Sobre todo en las dos últimas opciones, podemos decidir qué hacer. ¿No nos hacen caso y se van todos a la discoteca? Bien, nosotros decidimos si nos compensa acompañarlos durante un rato, toda la noche, no salir nunca más con ellos o irnos a casa solo por esa noche. ¿No logramos convencer a un grupo para que cambie de actitud? Bien, nosotros decidimos si dejarlo pasar o emprender acciones para cambiar la situación, por ejemplo, apoyar y permanecer con la persona que está siendo objeto de burlas. Lo importante es que, sea la que sea, sea nuestra decisión.

- Los demás no van a estar callados. Ya lo explicamos en los apartados precedentes, pero insistimos: por mucho esfuerzo que nos haya costado expresarnos, no podemos esperar que los demás callen o nos den la razón, mucho menos que nos pidan perdón, cosa que, en el fondo, muchas veces se espera. Lo más frecuente es que las otras personas respondan airadamente, se defiendan o nos ataquen. Es una reacción normal: cuando alguien dice o hace algo que contraviene alguna de nuestras actuaciones, la tendencia impulsiva es a defendernos, a mantener nuestra posición. Y si la persona domina estrategias agresivas, las esgrimirá contra lo que interpretará como un cuestionamiento de su persona. Por lo tanto es mejor estar preparados para recibir alguna expresión desagradable ante nuestra aserción e intentaremos entenderla como una reacción humana normal ante la que tenemos que continuar siendo asertivos.

Estrategias externas

Evidentemente y en cualquier caso, debemos empezar por expresar nuestra opinión con *Asertividad Elemental*, manifestando simple y llanamente lo que queremos. Aquí son importantes dos puntos: "expresión simple y llana" significa no dar rodeos, no hablar con indirectas ni sobrentendidos, sino decir directamente lo que queremos y en una o dos frases. Decir: "Bueno... quizás se podría pensar otra opción… siempre y cuando no moleste a nadie, claro… y estemos todos de acuerdo…" crea desconcierto, inquietud o agresividad en los interlocutores y no habremos conseguido que nos entiendan. Mientras que: "Yo no estoy de acuerdo con lo que decís" puede suscitar todo tipo de respuestas, pero todos sabremos de qué estamos hablando.

El segundo punto importante es el no verbal. Tanto la persona agresiva como la sumisa pueden desvirtuar el contenido de lo que están diciendo si no tienen la conducta no verbal adecuada. La comunicación debería ser en un tono de voz alto pero pausado, mirando a todos y, si es posible, poniendo una expresión facial amable, de sonrisa o media sonrisa. Es bueno ensayar estas conductas ante un espejo para vernos y oírnos a nosotros mismos.

Otra estrategia útil es la *Asertividad Empática*. Podemos hacer un esfuerzo por comprender "desde dónde" está opinando el grupo o cada persona concreta, aceptar su punto de vista y expresar el nuestro con el mismo derecho a comprensión: "Entiendo que prefiráis ir a bailar, pero yo hoy prefiero un plan más tranquilo", "Desde vuestro punto de vista, hay que enfocar el proyecto de tal forma, pero poneos en el lugar del usuario…", "Es verdad que tiene mucha gracia esa broma, pero me parece cruel aplicarlo a esta persona".

Por supuesto, la estrategia que siempre debe acompañar a las demás es la del *Disco Rayado*. Como hemos dicho antes, los demás no se callarán y nos darán la razón a la primera, con lo que, si queremos que nuestra afirmación sea vista con respeto, tendremos que repetirla sin dejarnos apabullar por los demás.

☺ Piensa en 2 o 3 situaciones en las que te hayas sentido poco asertivo frente a un grupo. Recuerda que puede ser por haberte comportado de forma sumisa o agresiva. Lo que te va a servir para la elección de situaciones es el malestar que se originó en cada una de ellas.

Analiza los componentes de la situación: quién estaba, cuál fue el desencadenante de tu malestar, cuál fue tu conducta (agresiva-sumisa-sobreadaptada-bloqueada…), cómo reaccionaron los demás.

Después, intenta sustituir en tu mente la conducta tuya que te causó el malestar por otra más asertiva. Imagínate todos los componentes: tanto el tipo y contenido de tu respuesta como los componentes no verbales que la podrían haber acompañado. Piensa también en una posible segunda respuesta si los demás reaccionan agresivamente.

Finalmente, mira si puedes aplicar tu nueva alternativa a alguna situación actual, presente o futura.

4

CÓMO REACCIONAR ANTE UNA AGRESIÓN VERBAL

Por muy asertivos que seamos y muy elegantemente que hayamos aprendido a decir las cosas que puedan molestar, nunca podremos evitar que algunas personas y en algunas situaciones nos agredan verbalmente o aún más, que intenten someternos a burla o desprecio.

La asertividad preconiza que nadie es superior a los demás, todos tenemos la misma valía en cuanto a que "solo" somos seres humanos. Esto implica que todos tenemos los mismos derechos y merecemos ser respetados, tanto por nosotros mismos como por los demás.

Pero, por desgracia, no todas las personas tienen este concepto de las relaciones sociales. Hay muchas personas cuyas necesidades afectivas y de seguridad no han sido cubiertas y que buscan sentirse –o parecer– superiores a los demás para verse dignificadas. Estas personas buscarán en todo momento dejar claro que ellas son más inteligentes, rápidas, o eficientes, a base de hacer que los demás se sientan inferiores.

Tenemos la plena convicción de que hay pocas personas realmente sádicas y crueles, que disfrutan viendo sufrir a los demás. La mayoría de las veces, un desprecio o una burla son más una búsqueda de notoriedad que un deseo de dañar al otro.

Podemos comprender estas actitudes y a la persona que las emite y esto nos puede servir para no desarrollar sentimientos de odio que solo nos llevarían al bloqueo, pero tenemos la obligación con nosotros mismos de no permitir que se nos desprecie o que se burlen de nosotros. Si otra persona tiene la necesidad de sentirse reconocida no vamos a permitir que sea a nuestra costa. Con las técnicas asertivas seguramente no lograremos cambiar a la persona que nos hace sentir mal, pero sí ponerle límites y no permitir que nos utilice para sentirse mejor.

Las personas que sienten esa necesidad de demostrar que son superiores suelen perseguir dos sensaciones: control y/o poder. Para lograrlo pueden utilizar las siguientes estrategias:

- Burla
- Desprecio
- Culpabilización
- Ataque o crítica
- Amenaza
- Querer dejar en evidencia
- Chantaje emocional.

Para ello se valen de toda una serie de conductas verbales y no verbales. En estos casos la conducta no verbal es muy importante, ya que un desprecio, por ejemplo, no tendría ni la mitad de su efecto si no estuviera acompañado por unos ojos entornados, una media sonrisa, la cara elevada, etcétera.

Igual que en el capítulo anterior, vamos a dividir las estrategias asertivas que podemos aprender para hacer frente a ataques verbales en estrategias internas y estrategias externas.

Estrategias internas

¿Qué hacer cuando alguien nos trata de forma agresiva? Ya sea justo o injusto lo que nos están diciendo, la situación es cuando menos intimidante, a no ser que estemos muy seguros de nosotros mismos y dominemos buenas estrategias de respuesta.

Para aprender este tipo de conductas es necesario que, previamente, la persona tenga claras una serie de cosas, y caso de no tenerlas debería intentar instaurarlas por medio de una Reestructuración Cognitiva (véase el capítulo 5 del libro *La asertividad: expresión de una sana autoestima*):

- Hay que saber interpretar correctamente (objetivamente) una situación en la que nos parezca que estamos siendo agredidos verbalmente. Tenemos que discriminar lo que es verdadera agresión y lo que es mera interpretación nuestra, distorsionada por los pensamientos irracionales. ¡Hay muchos comentarios inocentemente sarcásticos que son interpretados como una crítica feroz!
- También tenemos que saber evaluar cuándo un comentario conlleva voluntad de hacer daño (en cuyo caso tendríamos que saber defendernos asertivamente) y cuándo se trata de una "crítica constructiva" dicha con más o menos tino (en cuyo caso la reacción iría más encaminada a evaluar si la otra persona tiene razón y, si acaso, pedirle que hable en un tono más respetuoso).

Merece la pena hacer un análisis a posteriori, después de haber recibido la agresión verbal y cuando estemos más serenos, para acostumbrarnos a diferenciar los comentarios malintencionados de aquellos que no lo son y quizás han sido expresados de forma poco hábil.

Para poner límites a una agresión verbal es muy importante que, en primer lugar, no permitamos que nos afecte, o que lo haga mínimamente, lo suficiente como para reaccionar. Si dejamos que una burla, por ejemplo, nos haga daño, si nos creemos lo que nos dicen o nos preocupamos excesivamente por lo que piensan de nosotros, nos estamos colocando de antemano en una posición inferior y con ello estamos empezando a dar la razón a la otra persona.

Estos son algunos automensajes que nos podemos dar para minimizar el impacto de una agresión verbal:

- Lo mejor que nos podemos decir es que lo que está haciendo la otra persona es solo una estrategia para conseguir algo. No debemos entrar en el contenido de lo que nos dice, sino quedarnos con la idea de que nos está utilizando para algo: sentirse más poderosa, más eficaz, más lista…
- Ante una estrategia de este tipo tenemos derecho a esgrimir una contraestrategia. Nuestra asertividad va a consistir en blindarnos contra lo que se nos está diciendo, no permitir que entre en nuestro interior y dedicar toda nuestra energía a comunicar ese límite, en vez de perdernos en disquisiciones sobre si la persona tiene razón o sobre qué estarán pensando los demás de nosotros.
- La forma que se utilice para decirnos algo es independiente de que la persona tenga razón o no. Si nos lo dice de forma que nos hace sentirnos mal, no está teniendo razón y tenemos derecho a no entrar en el contenido. Cuando nos lo diga de forma respetuosa podremos y deberemos escucharle, aunque no nos haga gracia lo que tenga que decirnos.

Independientemente de este análisis, también es bueno automatizar una respuesta que haga frente y ponga límites a cualquier tipo de agresión que sintamos, tengamos o no razón en nuestra interpretación. Como nuestra respuesta siempre será asertiva, y por lo tanto respetuosa, si nos hemos equivocado y la persona no quería agredirnos, no pasará nada y no habremos "metido la pata" gritando o respondiendo demasiado airadamente. En el siguiente apartado veremos posibles respuestas de este tipo.

Estrategias externas

Antes hemos dicho que las personas que agreden verbalmente se valen de una serie de estrategias que persiguen que la otra persona se sienta inferior: burla, desprecio, culpabilización, ataque o crítica, amenaza, querer dejar en evidencia, chantaje emocional. Vamos a ver qué contraestrategias asertivas podemos utilizar para cada una de estas formas de agresión.

Evidentemente, cada cual tiene que adaptar las estrategias asertivas a su caso particular y aquí solo podemos dar unas pautas generales, pero recomendamos utilizar las siguientes técnicas ante los intentos de otros de hacernos sentir inferiores.

Burlas

Por ejemplo:

—Anda, una foca –uy, perdón, es que con este biquini me he confundido.

—Qué mayor, ya sabes decirme que me calle.

—¿Que quieres hablar conmigo en serio? Uy, qué miedo me está entrando….

Lo mejor en estos casos es aplicar la *Asertividad Elemental*, expresando clara pero brevemente que no nos está gustando lo que oímos: "Oye, esto sienta mal, ¿eh?", "No me insultes", "Así no me trates".

También es muy eficaz romper esa dinámica aplicando una forma de *Pregunta Asertiva*: "¿Con esto qué quieres conseguir?", "¿Quieres que me sienta mal?", "¿Y por qué me lo dices así?".

Si la burla surge en una conversación y nos impide continuar hablando normalmente, podemos aplicar la *Técnica para Procesar el cambio*: "Así nos estamos desviando del tema, vamos a seguir con lo que estábamos" o incluso: "Si seguimos así, terminaremos enfadados y cortaremos la conversación. Vamos a volver al tema".

Dependiendo de la relación que tengamos con la persona que se está burlando de nosotros, nos puede interesar profundizar más y expresar nuestro malestar con un *Mensaje-Yo*: "Cuando me dices las cosas de esta manera, me siento despreciada y terminamos enzarzados en una bronca. Deja de burlarte de mí, por favor".

Desprecios

Por ejemplo:

—Deja, que tú no entiendes de estas cosas.

—No me vale la pena perder el tiempo contigo.

—Ah, ¿que tu chaqueta no es de marca? Claro, ya decía yo…

En estos casos es bueno aplicar la *Asertividad Elemental*, poniendo las cartas boca arriba: "No seas despreciativo", "Me estás faltando al respeto", etc., aplicándola de forma escalonada, es decir, aumentar la firmeza de nuestra respuesta si la persona insiste en mostrarse despreciativa, hasta llegar a decirle, por ejemplo: "Así no te sigo escuchando", "Así no hablo contigo" e interrumpir la comunicación.

La *Pregunta Asertiva y el Mensaje-yo*, tal y como los hemos descrito arriba, también son de utilidad. Preguntas asertivas a las tres frases que hemos puesto de ejemplo podrían ser:

—¿Y por qué se supone que no entiendo de estas cosas?

—¿Por qué no te vale la pena perder el tiempo conmigo?

—¿Qué es lo que te decías?

Es de esperar que la persona no se callará ante nuestras preguntas, así que tendremos que esgrimir otras estrategias asertivas para afrontar sus respuestas. La *Pregunta Asertiva* es una estrategia muy hábil, ya que la otra persona seguramente no se la espera, pero hay que vigilar mucho el tono en que se dice. Tendríamos que intentar emplear un tono amable, casi inocente o lo más neutro posible, sin añadir retintín a nuestras palabras.

Culpabilizaciones

Por ejemplo:

—Esto ha ocurrido porque tú te empeñaste en…

—Si tú no me provocaras, yo no te gritaría.

—La culpa es tuya, por haber dejado que esto ocurriera.

Aquí se requieren técnicas de bloqueo de la comunicación. No debemos permitir que nadie nos eche la culpa como solución a algo negativo que haya ocurrido. Si sentimos que tenemos parte de culpa podemos utilizar técnicas como el *Banco de Niebla*: "Vale, puede que te provoque, pero no me grites", "Puede que yo tenga la culpa en parte. Ahora, ¿cómo lo solucionamos?", sin mostrar malestar ante la culpabilización de la otra persona y boicoteando así su intento de hacernos sentir mal.

Pero también podemos no permitir siquiera que se nos acuse, en cuyo caso podríamos aplicar de nuevo la *Asertividad Elemental*: "No me eches la culpa", teniendo en cuenta que, como la culpabilización es una estrategia muy eficaz, la persona tenderá a insistir en que tiene razón y nosotros tendremos que aplicar pacientemente el *Disco Rayado*. También podemos decirle claramente que no nos utilice: "No me eches la culpa para solucionar el problema". "¿Qué consigues culpándome? ¿Sentirte mejor?".

Por supuesto que si hay una relación afectiva entre ambas personas, podemos intentar enviar un *Mensaje-Yo*: "Cuando me echas la culpa de las cosas me siento herido, me hundo y tampoco solucionamos nada. Te pediría que me digas las cosas sin culparme".

Ataques/críticas

Por ejemplo:

—Eres un desastre, siempre igual, ¿cuándo te darás cuenta de que…?

—¿Que nunca podemos hablar? Será porque tú siempre estás haciendo tus tonterías…

—Déjate de estupideces y céntrate en lo realmente importante.

Este caso es parecido al de la Culpabilización. Si cuando nos atacan o critican –ya sea con el contenido o con el tono– sentimos que nos faltan al respeto, tenemos derecho a no entrar en el contenido de lo que nos están diciendo y preservar en primer lugar nuestra dignidad. Nadie tiene derecho a insultarnos, ni a nosotros ni a lo que hacemos.

El tono en que se emita la respuesta asertiva es muy importante a la hora de responder correctamente a una crítica, ya que la persona que está criticando no tiene que sentirse agredida. Si esto ocurre, la conversación derivará en una discusión o una competencia de agresiones mutuas que no llevará a ninguna parte. El tono de la respuesta a una crítica tiene que ser, pues, lo más neutro y aséptico posible.

Nos puede servir, como siempre, la *Asertividad Elemental*, diciendo simplemente: "No me trates así", "Así no se me trata" o bloqueando la comunicación hasta que la persona no cambie su forma de expresión: "Así no quiero continuar hablando", "Si me lo dices de otra forma te escucharé".

Si el otro insiste en su crítica, tendremos que responder nosotros utilizando el *Disco Rayado*. Pero nunca hay que disculparse excesivamente. El dar demasiadas explicaciones es signo de inseguridad. Con una o dos frases descriptivas basta.

También podemos aplicar la *Pregunta Asertiva*, rompiendo la dinámica de insultos y preguntando, por ejemplo: "¿Y por qué dices que soy un desastre?", "¿A qué te refieres con *tus tonterías*?". Evidentemente es difícil estar lo suficientemente fríos como para esgrimir tranquilamente esta estrategia, pero podemos tenerla preparada ante una persona que repetidamente nos insulta o que siempre utiliza el mismo tipo de ataque.

La técnica de *Ignorar* también puede ser útil en estos casos. Nos concedemos el derecho a no entrar en lo que nos están diciendo y redirigimos el foco de atención hacia la otra persona: "Mira, estás enfadada, o sea que vamos a dejar de hablar hasta que se te pase", "Como veo que no estás de buenas, lo dejamos para otro momento", "¿Por qué me lo dices así? ¿Estás mal por algo?".

En cualquier caso, no permitas que el otro generalice su crítica a otras situaciones o a otras facetas de tu personalidad. Para ello, utiliza el *Acuerdo asertivo*: "Sí, debería haber hecho..., pero eso no significa que yo sea..." o el *Banco de niebla*: solo asentir a lo que consideramos válido, lo otro ni lo mencionamos:

(Crítico): —Comes demasiado poco. No te estás cuidando lo suficiente y te vas a debilitar.
(Tú): —Sí, puede que coma poco.

Si la otra persona sigue insistiendo (suele sentar muy mal este tipo de respuestas), puedes utilizar el *Aplazamiento asertivo*, es decir aplazar la discusión para más adelante: "¿Te parece que lo hablemos en otro momento?".

Amenazas

Por ejemplo:

—Como sigas así, se acabó la relación.

—De esta te acordarás.

—Vale, tú sigue así y ya verás…

La *Pregunta Asertiva* es la estrategia más apropiada para estos casos: "¿Qué significa 'seguir así'?", "¿Qué quieres decir con 'te acordarás'? ¿'Ya veré qué'?". La mayoría de las veces las amenazas no tienen fundamento, se lanzan al aire para amedrentar. Preguntándole sobre las consecuencias de la amenaza por un lado le estaremos demostrando que no tenemos miedo de lo que dice y por el otro estamos ofreciéndole la oportunidad de hablar más sobre el tema. De nuevo tendremos que vigilar mucho el tono, para que no suene provocativo.

Si tenemos una relación afectiva con la persona podemos intentar aplicar un *Mensaje Yo*: "Cuando me amenazaste con dejar la relación me sentí muy dolida, porque me pareció que no era para tanto. ¿Quieres que hablemos más sobre el tema?", o incluso la *Asertividad Empática*: "Entiendo que estés desesperado por nuestras broncas, pero vamos a intentar arreglarlo de forma pacífica".

Si nos sentimos demasiado abrumados por el contenido o el tono de la amenaza, o corremos peligro de estallar en ira, debemos aplicar un *Aplazamiento Asertivo* que nos dé margen para recuperarnos y decidir cómo afrontar el tema: "Mira, déjalo, prefiero hablarlo esta noche", "Ahora no puedo contestarte, cuando me haya tranquilizado te llamo". Por cierto que esta técnica se puede utilizar ante cualquiera de las formas agresivas que estamos viendo (Culpabilización, Ataque…), en el caso de que nos hayamos quedado tan abrumados o bloqueados que no seamos capaces de responder con dignidad.

Querer dejar en evidencia

Por ejemplo:

—¿Que cómo se pide un crédito? A ver, ¿tú qué crees?

—¿Que no lo sabes? ¿Y tú has estudiado una carrera?

—Escuchad, escuchad lo que dice Ana. Venga, Ana, repite lo que me acabas de decir.

Cuando la persona nos habla de esta manera, está provocándonos. La primera respuesta que se nos ocurre en esos momentos es intentar demostrarle que no somos tan tontos ni tan ingenuos como está pensando. Y eso es precisamente lo que no debemos hacer. Una provocación de este tipo no nos lleva a nada constructivo, ni a solucionar un problema ni desde luego a comunicarnos con la otra persona. Está planteada con el único propósito de demostrar que el otro sabe más, que es más listo o más válido, en suma, que es superior. Pero nuestra asertividad consistirá precisamente en concedernos el derecho a no entrar en provocaciones ni comparaciones y a no dejarnos hundir por una sensación de inferioridad. Tendremos que aplicar una técnica de bloqueo de la comunicación, no nos interesa seguir hablando así.

Por lo tanto, podemos expresar esto último con la *Asertividad Elemental*: "No voy a entrar en tus provocaciones", "No te voy a contestar" o con el *Banco de Niebla* en forma de autoafirmación simple: "Efectivamente, si te lo pregunto es porque no lo sé", "Si te he defraudado, lo siento, pero soy así".

También puede servir la *Técnica para procesar el cambio*, sobre todo si nos vemos abocados a meternos en una discusión o una batalla de demostraciones de valía: "Mira, mejor lo dejamos, porque vamos a empezar a discutir".

Chantajes emocionales

Por ejemplo:

—Me has defraudado, ya no podré confiar nunca más en nadie.

—No, deja, no me ayudes, ya lo haré sola, como siempre…

—Con esto que me has dicho me estoy empezando a sentir fatal, creo que voy a volver a caer en una depresión.

El Chantaje Emocional es una forma de culpabilización, pero expresada de forma tan sutil que la persona afectada no lo percibe como una agresión y tiende a "picar" y a sentirse culpable o deudor. Esto es así porque la persona que emite un chantaje emocional utiliza los sentimientos que les unen para hacer creer a la otra persona que de ella depende el bienestar de la primera.

Es difícil darnos cuenta de que estamos siendo víctimas de un chantaje emocional, sobre todo porque suele ser más efectivo cuanto más unidas estén ambas personas, por lo que se da con mucha virulencia entre padres/madres e hijos, miembros de una pareja o amistades muy estrechas.

Si nos sentimos eternamente culpables o en deuda respecto a una persona, frustrados por esforzarnos una y otra vez por ella y sin que aparentemente consigamos que esté bien, podemos sospechar firmemente que estamos siendo víctimas de un chantaje emocional.

En estos casos son muy importantes las estrategias internas, los automensajes encaminados a aumentar nuestra autoestima ("Hago lo que puedo y no puedo hacer más", "Lo hago lo mejor que sé, pero tengo mis limitaciones") y detectar que lo que nos hace sentir mal es "solo" una estrategia de la otra persona para llamar nuestra atención.

Un recurso muy útil cuando alguien nos hace un chantaje emocional es utilizar la *Técnica para Procesar el cambio*, describiendo lo que está ocurriendo en realidad entre ambas personas y la inutilidad del chantaje: "Mira, me estás haciendo sentir culpable, pero yo no voy a poderte satisfacer nunca como tú quieres. ¿Por qué no me lo dices de otra forma?" o "¿Por qué no me dices lo que quieres realmente?".

El *Mensaje Yo* va en la misma línea, aunque es más expuesto: "Cuando me has dicho que ya lo harás tú solo, "como siempre", me he sentido culpable y ansiosa, pero tampoco hemos arreglado la situación. ¿Por qué no me lo dices sin esas coletillas?".

A veces es bueno romper la dinámica de la persona, yendo directamente a lo que creemos que está demandándonos: muchas veces esta persona no conoce otra forma de reclamar cariño o atención. Entonces es bueno decirle simplemente: "¡Pero si yo te quiero mucho!" o "No hace falta que me digas eso, yo siempre me acuerdo de ti".

En esta misma línea va la *Asertividad Empática*, que contempla el chantaje emocional desde el ángulo de la persona que lo está emitiendo: "Comprendo que te estés sintiendo abandonada porque no vaya a verte hoy, pero yo no puedo cubrir todas tus necesidades", "Entiendo que sientas que no te escucho, pero entiéndeme tú a mí también".

☺ A continuación te presentamos unas frases provocativas y agresivas. Identifica en primer lugar, si se trata de:

- Burla
- Desprecio
- Culpabilización
- Ataque
- Amenaza
- Querer dejar en evidencia
- Chantaje emocional

y seguidamente piensa cuál sería la mejor estrategia para afrontarlas asertivamente.

Ten en cuenta que dependiendo de la situación y de la persona puede haber varias opciones, con lo cual puede que la opción que te presentamos como mejor no lo sea para ti.

1. "Esto que acabas de decir no lo olvidaré nunca, aténte a las consecuencias".

Burla – Desprecio – Culpa – Ataque – Amenaza – Dejar en evidencia – Chantaje Emocional

Estrategia(s) posible(s):

2. "Todo esto ha ocurrido por tu culpa".

Burla – Desprecio – Culpa – Ataque – Amenaza – Dejar en evidencia – Chantaje Emocional

Estrategia(s) posible(s):

3. "Estás un poquillo hipersensible, ¿no? Vete a un psicólogo".

Burla – Desprecio – Culpa – Ataque – Amenaza – Dejar en evidencia – Chantaje Emocional

Estrategia(s) posible(s):

4. "Eres la única persona que no ha entendido lo que he dicho, así que no te voy a contestar".

Burla – Desprecio – Culpa – Ataque – Amenaza – Dejar en evidencia – Chantaje Emocional

Estrategia(s) posible(s):

5. "¿Que te hable en otro tono? Ja, ja, yo es que me parto de risa contigo…".

Burla – Desprecio – Culpa – Ataque – Amenaza – Dejar en evidencia – Chantaje Emocional

Estrategia(s) posible(s):

6. "No puedo confiar en ti, eres una desorganizada".

Burla – Desprecio – Culpa – Ataque – Amenaza – Dejar en evidencia – Chantaje Emocional

Estrategia(s) posible(s):

7. "Con lo feliz que estaba, y desde que me has hablado así de nuevo vuelvo a verlo todo negro".

Burla – Desprecio – Culpa – Ataque – Amenaza – Dejar en evidencia – Chantaje Emocional

Estrategia(s) posible(s):

☺ Sugerencias de solución:

1. Amenaza
- *Aplazamiento Asertivo*: "Mira, vamos a dejarlo porque no sé qué decirte ahora mismo. Pero tenemos que volver a hablar del tema".

2. Culpabilización
- *Banco de Niebla*: "Vale, no nos ha salido bien, pero no todo ha sido por mi culpa".

3. Desprecio
- *Asertividad Elemental*: "Escúchame, por favor, y no intentes despreciarme".

4. Dejar en evidencia
- *Asertividad Elemental con Disco Rayado*: "Ya, pero sigo sin saber la respuesta. ¿Me la dices, por favor?".

5. Burla
- *Mensaje Yo*: "Cuando te ríes de mis intentos de solucionar el tema, me entra una rabia que te partiría la cara. ¿Por qué no nos centramos en el tema de forma pacífica?".

6. Crítica
- *Pregunta Asertiva*: "¿Por qué dices que no puedes confiar en mí? ¿Qué propones que cambie?".

7. Chantaje Emocional
- *Asertividad Empática*: "Entiendo y siento que estés mal de nuevo, pero no creo que haya sido solo por lo que yo te he dicho".

5

CÓMO QUEJARSE/RECLAMAR (RESTAURANTES, TIENDAS...)

Hay muchas personas que plantean esta duda. Por increíble que parezca, personas aparentemente seguras de sí mismas, que no dudan en pelear duramente una cuestión de trabajo, pueden achantarse a la hora de reclamar en un restaurante o en una tienda. Esto se debe en parte a que, aparentemente, el mundo se divide en dos tipos de persona: los que "la montan" cuando algo no les satisface, discutiendo, vociferando e incluso insultando al camarero, al dueño del local y al Gobierno si cabe, y los demás, que contemplan con vergüenza ajena el lamentable numerito que está montando el de la mesa de al lado. "Por Dios, todo menos quedar así", pensamos y nos tragamos a duras penas la sopa demasiado fría, los pantalones con defecto o el pequeño error en la factura. Otra razón por la que se nos puede hacer difícil reclamar o quejarnos es porque, normalmente, los dependientes y camareros ¡están muy bien entrenados! Un buen camarero, encargado o dependiente domina el arte de no inmutarse ante nuestras quejas e, independientemente de que nos dé la razón o no, intentará siempre –lógicamente– preservar el honor de la empresa o de sí mismo. Algunos incluso se ponen agresivos o críticos con tal de conseguirlo. Aunque no sea de buen profesional, el caso es que muchos lo hacen y con frecuencia consiguen echarnos para atrás.

A otras personas les puede ocurrir lo contrario: son ellos los que "la montan". Cuando algo no ha salido según lo esperado –la comanda está tardando demasiado en llegar, en la frutería te ponen todos los melocotones verdes, el taxista te da una vuelta extra para llevarte a tu destino– estas personas saltan con ira, alzan la voz y pueden llegar a insultar, muchas veces con generalizaciones: "son todos unos…".

Sin embargo, no hace falta ponerse como una Hidra para obtener lo que se quiere ni, desde luego, tragarse todos los desperfectos que nos ofrecen.

Pasemos a describir las estrategias internas y externas que les pueden resultar útiles a las personas sumisas y a las agresivas.

Estrategias internas

En el caso de las quejas y reclamaciones hay una diferencia drástica entre las reacciones sumisas y las agresivas. Sin embargo, para ambos tipos de personalidad el hecho de reclamar o quejarse es de suma importancia, hasta el punto de que aparece con mucha frecuencia como un factor perturbador para la persona en las consultas de Psicología. Tener que encararse con un vendedor, camarero o dependiente puede causar verdadero sufrimiento en la persona que no es asertiva. Las personas sumisas sienten un gran conflicto entre lo que creen que deberían manifestar y el miedo a quedar mal, mientras que las personas agresivas sienten un conflicto de magnitud parecida entre lo que piensan que debería ocurrir y lo que realmente está ocurriendo, y eso les causa ira.

Dado que las reacciones sumisas y agresivas son tan diferentes, vamos a describir estrategias internas particulares para personas sumisas y agresivas.

Estrategias internas para personas sumisas

¿No es verdad que si nos tragamos la sopa fría es porque pensamos "qué vergüenza", "voy a quedar fatal", "van a pensar que soy…"? Seguro que más de uno se siente identificado con estas frases. Pero si nos decimos esto no reclamaremos jamás y, lo que es más grave, tendremos la sensación permanente de que no sabemos hacernos respetar. Tenemos que pensar que si no somos agresivos, la otra persona no tiene por qué sentirse ofendida; que este es su trabajo y atender las quejas de los clientes forma parte de él; que ni estamos casados con el camarero o el dependiente ni él nos conoce ni le importamos, tenemos una relación puramente profesional y, por lo tanto, da completamente igual lo que vayan a pensar de nosotros él o las personas que estén al lado.

Estos son algunos automensajes que nos podemos dar:

- *Apelar a nuestros derechos*: "Tengo derecho a reclamar, sin por ello ser maleducado", "Tengo derecho a preguntar si algo no me convence".
- *Ponernos en el lugar del otro*: "Es su trabajo, no tiene por qué ofenderse si le trato con educación", "Antes que a mí habrá visto a cientos de personas, no soy la primera que reclama", "Soy yo quien se queja, quien tiene que buscar una explicación es él".
- *Desdramatizar*: "Y si piensa que soy pesado ¿qué? ¿Me traerá consecuencias terribles para mi vida?", "Dentro de una hora, como muchísimo, todo el mundo se habrá olvidado de este episodio".

Convendría que, si nos cuesta reclamar, nos diéramos previamente "instrucciones" de este estilo para quejarnos con seguridad y derecho. Hay situaciones que no podemos prever, pero podemos ensayar, por ejemplo cuando tenemos que devolver algo defectuoso o acudir a algún sitio donde con anterioridad ya hayamos tenido alguna dificultad.

Estrategias internas para personas agresivas

El detonante de la mayoría de los arranques de ira es la frustración. La persona cree que una cosa va a salir de una manera concreta, pero sale de otra. La forma de sacar fuera esa frustración es por medio de la agresividad, que conlleva crítica hacia la otra persona, impaciencia por que se arregle inmediatamente la situación y mucha descarga de tensión.

Lo que puede mantener a la persona agresiva en una conducta más tranquila es, por un lado, frenar el impulso agresivo y, por otro, desdramatizar la situación. Muchas veces las personas agresivas se sienten vanamente atacadas: "¿Me ha visto cara de tonto o qué?", cuando casi nunca es así.

Automensajes que nos podemos dar:

- *Frenar el impulso*: "Espera. Respira unas cuantas veces. Piensa cómo formular tu queja", "Sal momentáneamente de la situación, desahógate y luego vuelve para reclamar con educación", "Piensa en las consecuencias: al final, el disgusto te lo llevas tú".
- *Centrar el tema de la queja*: "¿Cuál es mi objetivo: qué quiero conseguir de esta persona?", "Esta persona ni va a por mí ni cree que soy tonta, no tengo nada que defender, solo conseguir mi objetivo".
- *Desdramatizar*: "De acuerdo, no ha sido como esperaba, ¿y qué?", "No merece la pena crearme ese malestar".

APLICACIONES DE LA ASERTIVIDAD

Estrategias externas para ambos perfiles

Las estrategias externas, o cómo comunicarle al dependiente nuestra queja, no son difíciles si tenemos claro y siempre presente nuestro derecho a reclamar, pero sin faltar nunca al respeto. Por lo tanto, podemos y debemos quejarnos con absoluta educación, buen tono y cara amable, pero con insistencia. Estas estrategias que recomendamos les pueden servir tanto a las personas que reaccionan con sumisión como las que lo hacen con agresividad.

Las dos estrategias más útiles para reclamar o quejarse son:

- *Asertividad elemental*
- *Disco rayado.*

Es decir, formulamos nuestra petición con buena educación y tono pausado, mirando a los ojos de la persona (muy importante), y si ésta no acepta nuestra queja o se pierde en explicaciones pero sin atenderla aplicamos varias veces el *Disco Rayado*, repitiendo con el mismo tono amable, en una o dos frases, lo que hemos dicho al principio. Ejemplo:

(Tú): —Perdón, esta tarta de queso tiene un sabor extraño, parece que está mala. ¿Me la podría cambiar?

(Camarero): —Bueno, es que está hecha con queso de cabra y puede que tenga un sabor fuerte.

(Tú): —Ya, pero aun así me sabe algo rara. Cámbiemela, por favor.

(Camarero): —Ya le digo que es el sabor fuerte lo que le choca a usted, pero que no está mala.

(Tú): —Quizás, pero cámbiemela por otra, por favor, porque a mí me sabe rara… etcétera.

(Tú): —Veo que me ha cobrado el cambio de los grifos, cuando en el contrato de alquiler pone que los arreglos que no sean por mal uso van a cuenta del arrendatario.

(Propietario): —Es que yo no tendría que haber cambiado los grifos si usted no los hubiera estropeado.

(Tú): —Perdone, ya estaban así. En cualquier caso, me los ha cobrado y tendría que pagarlos usted.

(Propietario): —A ver, lo del "mal uso" es muy relativo, ¿cómo sé yo que usted no los ha roto?

(Tú): —Le repito que yo no los he roto. Pero me los ha cobrado y tendría que pagarlos usted... etcétera.

En resumen, si la persona no nos atiende, insistimos como un *Disco Rayado*. Si nos da explicaciones que no nos convencen, insistimos como un *Disco Rayado*. Y si nos mira con cara extrañada, como si fuéramos tontos o contesta con tono desagradable... insistimos como un *Disco Rayado*.

Como siempre ocurre con la asertividad, estas estrategias no nos aseguran un cambio en la conducta de la otra persona, pero nos dejarán la sensación de que hemos sido fieles a nosotros mismos y que tenemos derecho a reclamar lo que no nos gusta, con educación y sin que nadie salga herido.

6

CÓMO SER ASERTIVO
CONSIGO MISMO

Hace algunos años, trabajando en consulta con una cliente que había acudido por tener baja autoestima y las consiguientes dificultades de asertividad, esta me hizo una sugerencia muy reveladora: ¿por qué no aplicar las estrategias asertivas al diálogo con uno mismo? ¿No decía yo que, para ser respetados, teníamos que respetarnos a nosotros mismos? ¿Que teníamos que darnos derecho, permiso y opción de ser escuchados y tenidos en cuenta?

Pensándolo bien, este comentario resultó ser genial.

Ya sabemos –se puede consultar la bibliografía sobre Autoestima– que la Autoestima está estrechamente ligada a la Asertividad. La persona con baja autoestima depende de los demás para sentirse válida y digna, ya sea a través de obtener cariño y apoyo (conducta sumisa) o control y poder (conducta agresiva). La persona asertiva es la que no depende de la evaluación de los demás y puede permitirse dar opiniones contrarias a la mayoría, o ser incomprendida o incluso rechazada sin por ello rebajar su autoconcepto de valía.

Sabemos también que, a la hora de ver qué nos impide ser asertivos, nosotros somos nuestros peores enemigos: nuestros esquemas mentales, en primer lugar, y sus hijos, los pensamientos automáticos, son los que nos incitan a ser sumisos, "no nos vayan a rechazar" o agresivos, "no nos vayan a tomar por tontos".

Por lo tanto, si queremos aplicar las estrategias asertivas creyéndonoslas de verdad y estando convencidos de su utilidad, tendremos que ejercitarlas en primer lugar con nosotros mismos. Yo incluso diría "contra" nosotros mismos, pues cuando hay una conducta frecuente sumisa o agresiva es porque hay una parte de nosotros que tiene miedo y a la que hay que convencer de que tenemos unos derechos y podemos defenderlos con dignidad.

Lo que hicimos con esta cliente –y hemos ido haciendo a partir de entonces con otras personas– fue simplemente repasar las estrategias asertivas y ver cómo se podían ajustar a un diálogo interno. El "contrincante", en este caso, es nuestro miedo o nuestra autocrítica. Hagamos un repaso de las principales estrategias y veremos cómo encaja esto que estamos diciendo.

Asertividad elemental: expresión llana y simple de los propios intereses y derechos

Nuestros miedos nos impiden en muchas ocasiones ver qué es lo que realmente queremos, cuál es nuestro objetivo, y nos llenan la cabeza de temores que nos hacen desviar la atención hacia otras problemáticas. Por ejemplo, una persona va a emprender un viaje con un grupo de amigos. Al pensar en ello le vienen muchos miedos a no ser respetada por el grupo, a que siempre se haga lo que los demás quieren, a ser excluida del grupo… este podría ser su diálogo interno, aplicando la Asertividad Elemental consigo misma:

—Tengo miedo a que no me acepten en el grupo.

—A ver, lo que quiero es pasármelo bien y conocer ese país.

—Ya, pero ¿y si me encuentro sola?

—Bueno, no voy allí a hacer amigos, sino a conocer el país y disfrutar.

—Pero ¿y si me ningunean y me pisan?

—Pues aplico estrategias asertivas. Voy a pensar en todo momento que voy al viaje para pasármelo bien, conocer ese país que tanto me interesa y no a hacer amigos. Me lo voy a apuntar para no olvidarlo.

Como se ve, otra estrategia que siempre puede estar presente junto con cualquier otra es el *Disco Rayado*. Igual que ocurre con las personas, los miedos y las voces autocríticas no se dejan convencer fácilmente y ¡pueden ser muy pesadas!

Asertividad empática: Planteamiento inicial que transmite el reconocimiento hacia el otro y un planteamiento posterior sobre nuestros derechos e intereses

La *Asertividad Empática* es una técnica muy útil y "amable", porque combina la comprensión con los límites. Yo te comprendo, empatizo con tus sentimientos y necesidades, pero también me comprendo y empatizo conmigo y actúo en consecuencia. Esta misma técnica que utilizamos para la comunicación con el otro, la podemos utilizar en la comunicación con nosotros mismos.

Muchas veces nos criticamos duramente cuando no hemos cumplido con nuestras propias expectativas, o anteponemos lo que "deberíamos" haber hecho a nuestras propias necesidades. En general, cuando nos sentimos frustrados porque algo que pretendíamos hacer no ha salido según lo esperado, es posible que perdamos tiempo y energía en darle vueltas a lo que debería haber sido y no fue. Para estos casos es bueno comprender nuestra frustración, pero concedernos el derecho a habernos equivocado o a haber actuado como lo hicimos.

—Son las 3:00 de la mañana y todavía estoy preparando este trabajo. Debería haberlo previsto, no debería haberlo aceptado, debería…

—A ver, estoy frustrado y cansado y no doy mucho más de mí. Podría dejar de escribir y acostarme.

—No, tengo que seguir y si tengo sueño, ¡pues haberlo previsto antes!

—No, me siento realmente cansado, no puedo más. Tengo derecho a descansar. Me voy a la cama.

Banco de Niebla: Dar la razón en lo que se considera puede haber de cierto en la crítica, pero negándose a la vez a entrar en mayores discusiones

Muchas veces caemos en pensamientos obsesivos cuando algo nos preocupa mucho. Parece que en ese momento nuestro pensamiento imperativo es lo único importante y hasta que no comprobemos que alguien no se ha enfadado o que no nos da la razón, no podemos relajarnos. Peor aún es cuando nos asalta la culpa por un error cometido: en esos casos la autocrítica nos fustiga una y otra vez, en un afán de que la situación quede reparada por el mero hecho de arrepentirnos mucho. Y con frecuencia estos pensamientos obsesivos no nos llevan a ningún lado: la mayoría de las veces nos bloquean, hacen que nos sintamos profundamente mal pero no nos permiten pensar con claridad y encontrar una salida a nuestro malestar.

Para esos momentos nos puede servir una técnica que nos permita separarnos un poco del contenido de nuestros pensamientos y, de alguna forma, "no hacernos caso" a nosotros mismos. Hay dos estrategias asertivas que son de utilidad: el *Banco de Niebla* y el *Aplazamiento Asertivo*, que veremos a continuación.

El *Banco de Niebla* consiste en este caso en reconocer ante nosotros mismos que estamos preocupados, angustiados o incluso que nos sentimos culpables, pero negándonos a la vez a entrar en más disquisiciones. Por lo menos hasta que estemos más tranquilos y podamos evaluar la situación con mayor claridad.

Una secretaria que tuvimos en nuestro Centro se había equivocado al informar sobre las fechas de un curso a una persona que había llamado por teléfono. La persona en cuestión no había dejado su número de teléfono, con lo cual era imposible contactar con ella para rectificar. La secretaria se sentía muy mal y criticaba constantemente su error con automensajes como: "eres un desastre, – no vales para esto – eres tonta – has cometido un error irreparable". Pero llegó un momento en el que se plantó y se dijo a sí misma:

—Vale, está claro que he cometido el error y que no puedo hacer nada para remediarlo. Esto me valdrá para estar más atenta la próxima vez. Ahora voy a seguir trabajando.

Evidentemente, como decíamos antes, las voces críticas son muy pesadas y no podemos esperar de nosotros mismos que solo con hacer el *Banco de Niebla* una vez, se nos pasen todos los males. Tendremos que insistir una y otra vez y recordarnos que de nada nos sirve entrar a discutir con nosotros mismos, antes de lograrlo. Quizás tengamos incluso que aplicar la *Asertividad Ascendente,*

APLICACIONES DE LA ASERTIVIDAD

aumentando gradualmente el grado de firmeza que apliquemos con nosotros mismos:

(Por enésima vez): —Es que eres un desastre, mira el mal que has causado.

—A ver, ya está bien, es verdad que he cometido este error, pero ahora voy a seguir trabajando.

—Sí, pero ¿te das cuenta del mal que has hecho?

—Habré hecho un mal, pero ahora voy a seguir trabajando.

Aplazamiento asertivo: aplazar la respuesta hasta que nos sintamos más tranquilos y capaces de responder correctamente

Como hemos dicho, este tipo de respuesta es útil para los pensamientos obsesivos o críticos que no nos dejan pensar y actuar con claridad y se puede combinar con el *Banco de Niebla*.

Por ejemplo, una persona puede estar obsesionada porque piensa que la han tratado injustamente. Lo que le sale es encararse con la otra persona y dejar claro cómo son realmente las cosas. Se dice obsesivamente que esto no puede seguir así, que la han ofendido, que esto no se puede tolerar, que esta persona se va a enterar… y entonces es cuando puede decirse a sí misma:

—Es verdad que me siento tratada injustamente, pero voy a esperar porque sé por otras ocasiones que si salto puedo meter la pata.

—Qué metepatas ni que tonterías –es probable que se conteste a sí misma–, esta persona te ha ofendido y tienes que poner los puntos sobre las íes ¡inmediatamente!

—Vale, pero voy a esperar hasta mañana para tomar una decisión. Pospongo el tema hasta mañana por la mañana.

84

Técnica de ignorar: Ignorar los argumentos que se están dando e ir al sentimiento que subyace tras ellos

Esta técnica es parecida a la *Asertividad empática*. Por muchos pensamientos que tengamos en una situación dada, a veces no nos escuchamos realmente a nosotros mismos. Cuando nos criticamos duramente por algún error cometido o no queremos reconocer que algo nos da miedo o nos hace sentir vulnerables, estamos siendo nuestro peor enemigo. El resultado de tales críticas o negaciones suele ser un bloqueo: no se nos ocurre cómo hacerlo mejor o qué resolución tomar.

Para desbloquearnos tenemos que aprender a escuchar en todo momento a los sentimientos que subyacen tras nuestros pensamientos. Esto implica todo un proceso de autoestima en el que hay que reconocer ante uno mismo que es normal tener ciertos sentimientos y cometer errores y utilizar estos para aprender de cara a una próxima vez, en lugar de criticarlos sin más. El primer paso para lograrlo puede ser utilizar la *Técnica de Ignorar*, preguntándonos: "¿cuál es el sentimiento que subyace tras lo que me estoy diciendo ahora mismo?".

Por ejemplo, una persona que se reconoce agresiva, sobre todo cuando tiene la sensación de ser "tomado por tonto". Tras autoobservarse, se da cuenta de que lo que siempre se dice antes de estallar en ira es: "Me están tomando por un pringado". Esto le lleva a desarrollar la siguiente reflexión:

—¡Ya me están tomando por un pringado!

—A ver: ¿qué es lo que me lleva a pensar esto? Creo que el sentimiento es el miedo a que no me respeten. Podría transformar la frase que me hace saltar por: tengo miedo a que no me respeten y voy a intentar aceptar este sentimiento. Pero también tengo derecho a afirmarme, aunque esa "comprensión" no me da derecho a agredir a los demás. ¿Cómo puedo decirlo de una forma más educada?

Acuerdo asertivo: dejar claro, ante una crítica, que una cosa es el error cometido y otra el hecho de ser una buena o mala persona

Esta es la "estrategia para la autoestima" por antonomasia. Tal y como la describimos en el capítulo 5 del libro *La asertividad: expresión de una sana autoestima*, se utiliza para hacer frente a una de las peores formas de crítica que se pueden hacer: las etiquetaciones. Una etiquetación es toda crítica que contiene la palabra: "eres" o "soy". "Eres un desastre", "soy lo peor", "eres un vago", etc. son formas muy dolorosas de criticar que dejan a quien las recibe sin ninguna posibilidad de cambio. Si yo "soy" una cobarde, me siento encasillada en esa forma de ser, creo que no tengo forma de cambiar y eso me puede producir una profunda desesperanza respecto a mí misma. Mucho más efectivo y respetuoso es criticar la conducta: "No has hecho los deberes", "otra vez llegas tarde", "esto está mal presentado".

Igual que no debemos permitir –utilizando el *Acuerdo Asertivo*– que nadie nos etiquete de esa forma destructiva, tampoco podemos permitir que nos lo hagamos nosotros mismos. Muchas veces, como hemos dicho antes, somos nuestro peor enemigo y nos tachamos frívolamente de ser "lo peor", "un desastre", "¡egoísta!". El resultado es que cada vez nos vamos sintiendo peor con nosotros mismos y llegamos a la conclusión de que no hay nada que hacer para mejorar. Sería mucho más constructivo sustituir la crítica hacia el ser por la crítica hacia la conducta que no nos ha gustado.

En vez de: "Eres un egoísta", podemos decirnos "No te has acordado de llamar a la tía Juani", en vez de "Soy una vaga", "He relegado el trabajo hasta el último momento", en vez de "Estoy loco", "He tenido un ataque de ansiedad".

Solo diciéndonos así las cosas podremos encontrar una forma de modificar lo que nos está molestando de nosotros mismos.

☺ Aparte de sugerirte encarecidamente que intentes adaptar estas técnicas asertivas a tu propio lenguaje interno, te retamos a que intentes ver cómo puedes aplicar contigo mismo:

- El mensaje-yo.
- La pregunta asertiva.

Si quieres, puedes contarnos tus sugerencias.

7

CÓMO SER MENOS AGRESIVO

La agresión es una reacción a la frustración.

Dollard y Miller

Dollard y su grupo de psicólogos de la Universidad de Yale supusieron una revolución en la perspectiva que se tenía sobre la agresividad, fuertemente marcada hasta entonces por las teorías psicoanalíticas del inconsciente. Su postulado principal preconizaba que la agresividad es una respuesta a algo externo que se puede hacer perfectamente consciente. "Se llama agresividad a la reacción debida a una frustración que tiene por objetivo la reducción de la instigación secundaria (frustración) (…)". Esta frase de Dollard puede chocar inicialmente, porque cuando estamos recibiendo una respuesta agresiva lo último que se nos ocurre es ver a la persona que nos está gritando como alguien frustrado. Pero tampoco la persona agresiva se reconocerá a priori como alguien "frustrado". Tenemos asociado el concepto de frustración a una sensación de pesar, de tristeza, incluso de dolor.

Sin embargo, ¿qué es el enfado porque algo no sale como debería sino una frustración? ¿Qué es la ira cuando nos sentimos importunados, invadidos, no respetados, sino una frustración? Tenemos una idea clara sobre cómo deberían salir las cosas, sobre cómo deberían tratarnos o sobre cuáles son las normas y los valores… pero no se cumplen. Alguien rompe esas reglas tan claras para nosotros. A eso se le llama frustración: el malestar que surge porque no se han cumplido determinadas expectativas.

Ante la frustración se puede reaccionar de diversas formas y todas las personas tenemos el mismo arsenal de respuestas, que adoptaremos dependiendo de la situación, de la gravedad de la frustración, del significado que le demos o de nuestros hábitos de respuesta. Así, podemos desde no hacer nada, pasando por sentirnos confundidos y no saber qué pensar ni hacer, hasta manifestar nuestra frustración de diversas formas, como el llanto, la ansiedad y la agresividad. O, por supuesto, podemos activar la expresión asertiva de nuestra emoción.

Evidentemente, no siempre que nos sentimos frustrados estallamos en ira, pero lo más probable es que casi siempre que hayamos manifestado ira haya sido porque había una frustración de fondo. Respecto al estallido de ira también hay muchos matices entre las personas: los hay que raramente manifiestan su enfado o incluso nunca lo expresan, los que aguantan mucho y de pronto "explotan", algunos que solo manifiestan su agresividad con ciertos temas concretos y, por último, quienes han asumido la agresividad como un hábito de conducta: a la más mínima ocasión estallan violentamente.

En este capítulo vamos a hablar de éstas últimas personas, las que emiten muy frecuentemente respuestas agresivas. Considero importante recalcar que no vamos a hablar ni de agresividad física ni de conductas manipulativas agresivas, como pueden ser el chantaje emocional o los mensajes paradójicos, en los que se profieren insultos o faltas de respeto emitidos en un tono suave y aparentemente amable. Estas estrategias agresivas han sido recogidas en el capítulo 4. Aquí nos referiremos solamente a las respuestas verbales manifiestamente agresivas, es decir, las que conllevan culpabilizaciones, insultos, críticas, burlas, desprecios, extremismos, etc. emitidos en un volumen alto o a gritos y con un tono hiriente o cortante. Y, sobre todo, vamos a comprobar cómo la propia persona que emite estas respuestas agresivas puede modificarlas hacia otras más asertivas.

Si preguntamos a una de estas personas por su agresividad, nos dirá en primer lugar que no es para tanto, que no es tan grave o que los demás son muy sensibles. Es decir, la persona agresiva no es consciente del efecto que causa la expresión de su ira. En segundo lugar dirá que solo está manifestando su enfado y que tiene derecho a hacerlo, que él o ella "es así". Es decir, no se plantea la posibilidad de cambio, En cierto modo, no quiere cambiar. Y, por último, describirá su expresión agresiva como la única forma de hacer que las cosas cambien o que determinada situación concreta no vuelva a ocurrir.

Las tres afirmaciones sustentan y mantienen en la persona la preferencia por dar respuestas agresivas, pero las tres son erróneas y fruto de una percepción distorsionada de la realidad.

Para entender mejor esto, vamos a analizar en primer lugar qué es lo que ocurre en el interior de una persona que frecuentemente estalla en ira.

Características detalladas de la persona agresiva

En el capítulo 2 del libro *La asertividad: expresión de una sana autoestima* se describen las características de la persona agresiva, así como las de la persona asertiva y la sumisa. En este capítulo vamos a añadir algunos detalles a la descripción que hacíamos de la persona agresiva.

Comportamiento externo

Aunque la persona agresiva no respete al otro en el momento concreto de la agresión, no significa que generalmente piense mal de él o que no le respete. Incluso si utiliza la culpabilización y la crítica, deben ser contempladas como meras estrategias para conseguir rápidamente su objetivo. Normalmente estas estrategias no se aplican fríamente, sino que obedecen a interpretaciones distorsionadas que la persona hace en ese momento. Es muy probable que, "en frío", la persona agresiva no piense, por ejemplo, que los demás son los únicos culpables de todo, pero "en caliente" sí y esos pensamientos son como instrucciones que se da para permitirse agredir a los demás. A esto se le añade un exceso de impulsividad o, lo que es lo mismo, un déficit de autocontrol, que le impide reflexionar sobre las consecuencias de su agresividad.

Patrones de pensamiento

De los dos esquemas mentales más probables en la persona agresiva, el más frecuente es la Idea Irracional nº 4: "Es horrible que las cosas no salgan de la forma en que a uno le gustaría que salieran".

Cuando este esquema se presenta en un alto grado, se suele derivar de él un tipo de pensamiento rígido y polarizado. Es decir, suelen ser personas que tienden a situar las cosas en los extremos (o blanco o negro), sin admitir matices, y por ello son frecuentemente inflexibles.

Esto se traduce también en su forma de relacionarse, sobre todo cuando hay discrepancias: tienen que ganar o perder, a priori no les encaja el sentirse a la misma altura que el otro y abrirse a la posibilidad de llegar a acuerdos, quedarse en un término medio.

Como por una parte no toleran sentirse vulnerables ante los demás y por otra dominan las estrategias para imponerse, siempre intentan ganar, aun a costa de perder otras cosas.

Emociones/Sentimientos

Precisamente el exceso de emocionalidad es lo que impide que la persona agresiva se conceda el tiempo suficiente para reflexionar una respuesta más operativa que la agresiva. Con mucha frecuencia, emite juicios o planteamientos completamente irracionales que luego, "en frío", matiza y relativiza. Esto se debe a un déficit de autocontrol para gestionar adecuadamente la expresión de emociones como la ira y el enfado.

A la persona agresiva le cuesta demorar una respuesta o un resultado, por ello se muestra muy frecuentemente impaciente. Por lo tanto las estrategias que utiliza y conoce van encaminadas a conseguir rápidamente su objetivos.

Mantenimiento de la conducta agresiva

Antes veíamos que la persona agresiva suele tener unas convicciones que mantienen su conducta, que hacen que pese a ver las consecuencias muchas veces negativas de su agresividad, continúe emitiendo respuestas agresivas. Pero hay más razones que mantienen este estilo de respuesta y hacen que, a la larga, la agresividad se pueda convertir en la respuesta habitual a cualquier frustración.

Ofrece una aparente solución rápida

Decíamos antes que la persona agresiva suele ser impaciente. Se ha habituado a no tolerar una larga espera antes de recibir una respuesta cuando algo la enfada. Y la agresividad ofrece esa respuesta rápida: por un lado supone un claro desahogo de la tensión que se está viviendo y, por otro, gracias al tono de voz elevado y otros componentes, los demás suelen emitir una respuesta aparentemente sumisa o evitativa (cuando no obedecen o se someten claramente), que parece dar la razón a quien está emitiendo su enfado

También puede ocurrir que la otra persona responda asimismo de forma agresiva. En este caso la agresividad llama a la agresividad. Ambos se enzarzarán en una discusión en la que la respuesta del uno será interpretada por el otro como una provocación ante la cual hay que responder con mayor enfado, de forma que ambos interlocutores entrarán en un círculo vicioso de difícil solución. En cualquier caso, ambos estarán desahogando su tensión y ofreciéndose mutuamente respuestas rápidas que mantendrán su agresividad.

No da lugar a otras alternativas

La respuesta agresiva es completa en sí misma. Se puede utilizar para todo tipo de situaciones: cuando algo sale mal, cuando una persona no responde como debería, cuando alguien se salta las normas, cuando los demás no le hacen caso a uno… y como canal de todo tipo de emociones: la consabida frustración, pero a la larga también como expresión de tristeza, dolor, vergüenza… todos ellos sentimientos de vulnerabilidad que cuesta expresar y que resulta relativamente fácil canalizar por medio de la agresividad.

Por lo tanto, la persona que se va "aficionando" a emitir respuestas agresivas se va cerrando cada vez más la posibilidad de elaborar conductas diferentes y ante cualquier situación mínimamente conflictiva esgrimirá la misma respuesta: agresividad.

Hemos comprobado que hay personas agresivas que a la larga se van sintiendo cada vez más solas (los amigos las van abandonando) o incomprendidas. Su forma de combatir la sensación de soledad e incomprensión es aumentar aún más sus respuestas agresivas (la única forma de actuar que conocen y dominan), con lo cual se ven atrapados en un círculo vicioso del que les cuesta salir.

Las personas agresivas pueden parecer a veces crueles, pues ante el llanto, la inseguridad o la "debilidad" de la otra persona, lejos de abandonar su agresividad, la aumentan o, en el mejor de los casos, se marchan, dejando a la "víctima" desconcertada y dolida. Estas reacciones son un exponente más de la rigidez de respuestas de las que estamos hablando. Para alguien que se ha habituado a reaccionar impulsivamente, sin pensar, y siempre de la misma forma agresiva, las reacciones de inseguridad, indefensión o la excesiva demora en responder provocarán mayor impaciencia y desconcierto. Dado que en ese momento no saben cómo reaccionar, responden con lo que conocen: de nuevo, la agresividad.

☺ Te proponemos un análisis para comprobar en qué medida te puedes sentir identificado con los perfiles que hemos descrito. Piensa en dos o tres situaciones en las que claramente estallaste en ira y rellena para cada una de ellas el siguiente cuestionario. Mira si puedes sacar algún denominador común que te dé pistas sobre ti y tu manejo de la agresividad.

- Provocación (cuándo, dónde, con quién se desencadenó mi ira).
- Síntomas fisiológicos (tensión, dolor de estómago, pulso acelerado...).
- Pensamientos (qué me dije inmediatamente antes de estallar en ira).
- Acciones (qué hice, cómo expresé mi ira).
- Consecuencias de mi ira: en el entorno (cómo respondieron los otros) y en mí misma/o (cómo valoro yo la situación).
- Beneficios y perjuicios de este comportamiento (en mí mismo y en los demás).

Por qué no compensa: razones para disminuir la agresividad

Tener la respuesta agresiva como recurso habitual ante situaciones de frustración no compensa. Son más las desventajas que los beneficios que se obtienen a largo, medio, incluso a corto plazo, por mucho que, aparentemente, a corto plazo se puedan obtener beneficios.

Son bien sabidos los argumentos que se esgrimen para convencer a las personas de que su estilo de respuesta agresivo es más perjudicial que beneficioso y todos son ciertos. Hay razones de salud, ya que a la larga un estilo de respuesta agresivo, unido como está muchas veces a un tipo de pensamiento y de conducta concreto (el llamado "tipo A de personalidad"), produce problemas cardíacos, de tensión arterial, estomacales, etc. También hay razones emocionales: a la larga, las personas agresivas son personas más infelices, más insatisfechas, menos adaptables a los cambios, menos resolutivas, lo que también conlleva problemas relacionales. Nadie quiere soportar a su lado a alguien que está siempre enfadado y descontento, por lo que muchas veces las personas agresivas terminan quedándose y sintiéndose solas.

Pero aquí queremos hacer énfasis en una razón muy poderosa por la cual disminuir la agresividad y es que, en contra de lo que todos los agresivos creen, la respuesta agresiva no sirve para solucionar una situación. Solo sirve para suscitar en la otra persona una respuesta emocional.

La respuesta agresiva se puede comparar con un castigo. De hecho, tanto emisor como receptor la viven como tal. La persona que emite una agresión pretende "que no se vuelva a repetir" un error determinado o que la otra persona "reaccione", "aprenda" y lo haga bien. Exactamente igual que cuando castigamos a un niño que se ha portado mal. Lo interesante es que la persona que recibe la agresión también lo percibe como un castigo, y en la Teoría del Aprendizaje es sabido que el castigo no sirve para modificar ninguna conducta. Lo que sirve es el refuerzo. Repasemos con más detenimiento lo que postula la Teoría del Aprendizaje a este respecto:

Cualquier comportamiento va siempre seguido de una reacción del exterior. Si una persona entra en su oficina saludando educadamente a los demás, recibirá una respuesta que puede ser de devolución del saludo, lo más probable, pasando por la indiferencia hasta llegar a la hostilidad, dependiendo de las relaciones que existen entre los diversos miembros del grupo. Existen dos tipos básicos de consecuencias o reacciones ante una conducta:

Refuerzo positivo

El llamado refuerzo positivo es cualquier respuesta agradable que nos llegue del exterior y que nos haga pensar que la conducta que acabamos de emitir es deseable.

Los refuerzos pueden ser materiales (premios, regalos), sociales (elogios, miradas, atención), o simbólicos (dinero, puntos) y en el adulto pueden ser sus propios pensamientos y automensajes los que le refuercen (autorrefuerzos). El refuerzo social, es decir, la atención y valoración verbal y no verbal que recibamos, es el más poderoso y tiene un efecto mucho mayor que cualquier premio material.

Los refuerzos positivos aumentarán la probabilidad de que se reproduzca la conducta. De esta forma se puede afirmar que si una conducta se está emitiendo regularmente lo más seguro es que esté siendo reforzada, y eso vale tanto para las conductas correctas como para las incorrectas.

Una conducta que durante un tiempo prolongado no reciba una respuesta positiva, se irá debilitando hasta desaparecer. Si un trabajador de una empresa no es alabado nunca, terminará desmotivándose y dejará de esforzarse por sacar un buen trabajo. Si no hacemos caso a un niño que llora, terminará por buscar otras formas de conseguir lo que quiere. Este mecanismo, que se denomina extinción, puede ser beneficioso o perjudicial para la persona.

Castigo

Como castigo entendemos cualquier respuesta no gratificante, desde las regañinas hasta el castigo físico, pasando por el desprecio, la burla o la agresión verbal.

En contra de lo que se pueda pensar, este método suele ser muy efectivo en un primer momento, pero a la larga no hace que se modifique la conducta de raíz. Puede cambiar la conducta respecto a la persona que dispensa el castigo (se la evita o uno "no se deja pillar"), pero no la actitud de la persona castigada. Las consecuencias más frecuentes ante la recepción sistemática de un castigo son:

- reacción emocional inmediata, que hace que la persona castigada centre sus energías en sí misma y aleje su atención de la situación que ha causado el conflicto
- distanciamiento entre el castigador y el castigado
- sentimientos de depresión y baja autoestima en la persona que recibe sistemáticamente el castigo.

Si trasladamos estas consecuencias a nuestro tema de la agresión, podemos imaginar el siguiente ejemplo:

Juan está casado con María y tienen dos hijos de 14 y 18 años. Juan se considera una persona metódica, organizada y puntual, pero con frecuencia choca con su familia en este punto, por ejemplo ante un viaje. Siempre que salen de viaje hay problemas. Juan establece una hora de salida, según él holgada y fácil de cumplir, pero siempre ocurre algo que hace que la salida se retrase media, tres cuartos o incluso una hora. Que si se han olvidado de meter el bañador, que si la pequeña tiene que enviar a última hora un mensaje urgentísimo a sus amigas, que si el mayor se levanta media hora más tarde de lo establecido… al final, Juan termina estallando en ira, culpando a toda su familia del desastre que va a ser el viaje y, de rebote, las vacaciones. Así, va descargando su frustración porque "otra vez" ha vuelto a ocurrir lo mismo de siempre. Lo que más le desespera es que parece que esto solo le importa a él: su mujer se siente muy ofendida porque el día anterior estuvo haciendo maletas hasta la madrugada y se queda ahí, sin ahondar más en el tema; el mayor se pone los cascos y espera que pase el chaparrón y la pequeña rompe a llorar, intentando explicar por qué era tan importante mandar el mensaje. Pero Juan tiene la amarga sensación de que nadie está llegando al fondo de la cuestión, que la impuntualidad de los demás solo le repercute a él y, lo que es peor, que esto se repetirá una y otra vez por mucho que él les diga de forma cada vez más vehemente que cambien de actitud.

Juan tiene razón. Por mucho que les grite e insulte, no van a cambiar. ¿Por qué? Porque su agresividad suscita solamente una reacción emocional en los miembros de su familia: la mujer se siente ofendida, el hijo mayor desconecta y la pequeña se siente criticada. En esos momentos los tres, como cualquiera de nosotros si nos encontráramos en una situación parecida, se están centrando en el malestar que sienten y la causa por la que Juan ha estallado pasa rápidamente a un segundo plano. Este desvío de la atención es una reacción normal y protectora de nuestro cerebro:

cuando nos vemos atacados, experimentamos rápidamente una emoción que debe ser atendida en primer lugar, ancestralmente para decidir si huir o atacar al contrincante. El contenido de lo que nos está gritando la persona que nos ataca pasa necesariamente a un segundo plano e incluso desaparece del consciente de la víctima si su emoción ha sido muy fuerte. Este mismo mecanismo también lo tiene la persona que agrede: su ira no le permite buscar opciones alternativas o encarar la situación de forma racional, sino que clama por ser atendida y desahogada.

Cómo disminuir la agresividad

"Si (...) sientes la urgencia de criticar a alguien motivado por el odio o el resentimiento, cierra el pico hasta que tus sentimientos se serenen y te permitan criticar afirmativamente, si todavía lo consideras oportuno".

R. Lombardi

¿Qué tendría que hacer Juan para conseguir que su familia saliera de viaje con puntualidad?

De momento, Juan y todas las personas que responden sistemáticamente con agresividad deberían tener claras estas tres máximas:

- La respuesta agresiva no sirve de nada o solo para que a la larga me sienta mal
- Hay otras formas alternativas de llegar a una solución a lo que me preocupa
- Con la agresividad solo suscito una reacción emocional y hago daño a las personas queridas.

Estas son las convicciones de las que se debe partir. Pero con ello no basta, ya que como decíamos antes la respuesta agresiva es un estilo de conducta que normalmente está arraigado con fuerza en la persona, alimentado por un tipo de pensamiento rígido y polarizado y mantenido por el refuerzo que a corto plazo recibe. Para desmontar todo ello y poder sustituirlo por un tipo de conducta que sea menos aversivo para uno mismo y los demás y que logre los mismos objetivos, es necesario dar una serie de pasos sistemáticamente aplicados, que identificamos a continuación.

Pasos para disminuir la respuesta agresiva y sustituirla por otra asertiva:

Reconocerse como persona con un estilo agresivo

Ya vimos que la persona agresiva tiene tendencia a decir que no es para tanto o que los demás son muy sensibles. Es difícil que una persona agresiva reconozca que lo está siendo y que sería mejor que buscara otras alternativas. Pero hay sensaciones que no podemos pasar por alto: cuando la agresividad se ha convertido en nuestro estilo habitual de respuesta, estaremos más tensos, malhumorados y pesimistas. Tendremos la sensación de que todo va mal, nada se cumple, nadie hace lo que estamos seguros que es lo correcto. Y, sobre todo, notaremos que los demás se ven muy afectados por nuestras respuestas. Esto puede hacer que se alejen emocionalmente de nosotros o que caigan en la sumisión, intentando agradarnos para que no les regañemos. En cualquier caso nos iremos sintiendo cada vez más solos e incomprendidos. Quizás valdría la pena creer a las personas que nos transmiten que les estamos haciendo daño.

Desde aquí hacemos una invitación a observar las reacciones de los demás para con nosotros. Sobre todo si son varias las personas que nos hacen ver que les afectan nuestras expresiones, podemos sospechar que no todos ellos son hipersensibles, sino que hay algo en nuestra conducta que les hace sentirse mal, y reconocernos con poder y capacidad para modificarlo.

Captar las señales del cuerpo

Cuando estallamos en ira tenemos la impresión de que hemos sido presa de un impulso emocional incontrolable. Parece que, como en la respuesta sexual, a partir de un determinado momento el impulso agresivo ya no se puede frenar. Sin embargo esto no es del todo cierto. Bastante antes de que seamos conscientes de este impulso emocional, en nuestra mente y en nuestro cuerpo se está fraguando lo que luego revertirá en el estallido agresivo.

A nivel cognitivo nos vamos diciendo mensajes que para nuestro cuerpo son instrucciones: "Ya estamos otra vez", "¿Es que nunca aprenderá?", "Este es tonto", etc. El cuerpo capta estas señales que el cerebro envía, las interpreta como señales de amenaza y las traduce en tensión. El cuerpo se pone alerta, preparado ante una hipotética situación de escape o ataque.

Así, podríamos contemplar los momentos previos a un estallido de ira (a cualquier estallido emocional en general), como una carrera ascendente entre los mensajes que envía el cerebro, cada vez más contundentes, y la tensión que se va produciendo en el cuerpo, hasta llegar al punto que Weisinger, en su libro *Técnicas para el control del comportamiento agresivo*, denomina "cuando su cuerpo grita":

Si usted hace caso omiso de su cuerpo cuando este le dice que está tenso, es muy probable que pronto le grite, porque quiere informarle de que algo no va bien. Es difícil de creer, pero la mayor parte de la gente no escucha a su cuerpo por mucho que este le grite. Aunque su cuerpo respire con dificultad, sude y la tensión sanguínea se dispare, usted sigue ignorándolo. ¡En el límite, su cuerpo puede enfadarse tanto que llegue a producirle un ataque al corazón!

Es necesario captar las señales que nuestro cuerpo nos envía cuando se está tensando, a la vez que los mensajes que nos estamos mandando. Para ello es recomendable observarse durante unas semanas y apuntar las reacciones físicas que se producen a modo de autorregistro, como los que describimos en el capítulo 4 del libro *La asertividad: expresión de una sana autoestima*. Recomendamos observar las siguientes reacciones físicas (en este orden): tasa cardíaca, respiración, tensión muscular, boca seca/húmeda, en las siguientes situaciones:

- en una situación de estrés
- en una situación de cansancio físico
- realizando una actividad física sin sentirse tenso
- en una situación de bienestar
- en una situación de enfado.

A la vez, podemos observar lo que nos estamos diciendo en cada uno de los casos. Recordemos que no es necesario que andemos apuntando nuestros pensamientos en el momento mismo en que se producen, sino que podemos hacerlo a posteriori.

Cuando hayamos establecido nuestro "patrón de respuestas cognitivas y fisiológicas" ante situaciones de ira, podremos empezar a intervenir, es decir, a introducir alguna estrategia cuando la tasa de tensión sea todavía baja.

Nada más empezar a sentir, por ejemplo, la conocida sensación de tensión en el estómago y boca seca y notar que nos estamos diciendo "Ya estamos otra vez", podemos darnos un parón e intentar introducir las siguientes estrategias:

- Si estamos de pie, sentarnos
- Si estamos sentados, recostarnos hacia atrás
- Si estamos hablando rápido, hablar lentamente y vocalizando
- Si estamos hablando alto, bajar el volumen y hablar bajo.

Es mucho más difícil continuar emitiendo mensajes agresivos si estamos sentados, recostados y hablando despacio y bajo, que si estamos de pie, en postura tensa y hablando rápido y alto.

Otra herramienta que podemos introducir cuando notemos que nuestro cuerpo se va tensando es alguna técnica de relajación y, sobre todo, de respiración. A veces basta con realizar unas cuantas inspiraciones profundas y lo más lentas que podamos.

Si estas estrategias no son suficientes o hemos sido conscientes demasiado tarde de nuestra incipiente tensión, podemos aplicar la *Técnica de Time Out*.

Técnica de Time Out o Suspensión Temporal

Consiste en salirse inmediatamente de la situación que está excitando la ira (ya sea esta manifiesta o interna).

Esta práctica evita que se intensifique la ira y, al mismo tiempo, ayuda a evaluar de nuevo la situación.

- Se recomienda, si la situación lo permite, avisar antes de realizar el *Time Out*: "Estoy empezando a enfadarme y quiero (o voy a) irme un momento". Cada uno tiene que encontrar la forma de expresarlo que mejor le cuadre. Es importante no decir algo parecido a "Necesito irme…", porque esto da impresión de falta de control –a nosotros y a los demás. Es bueno expresarlo en términos de voluntad "Quiero", "Voy a…".

- El *Time Out* debería hacerse tanto si se está acompañado como solo. En este caso el aviso se hace en forma de automensaje: "Estoy empezando a enfadarme, voy a salir un momento". Es importante que se abandone temporalmente el lugar en el que se sintió la ira.

- Duración: Hay que abandonar la situación en la que uno se encuentra durante un tiempo. En teoría, se recomienda una hora pero, como esto no suele ser posible, se sugiere un mínimo de 10 minutos.

- Lugar: lo importante es salir de la situación y poder estar solo. Podemos ir al baño, salir del edificio y dar una vuelta, o ir a otra habitación.

- Si es imposible salir (por ejemplo, cuando se conduce), se puede introducir la pausa con algún elemento distractor que nos aísle temporalmente de la situación de ira, por ejemplo poner la radio del coche y escuchar tres canciones, o contar hasta 50 a la vez que se respira pausadamente (abdominal).

• Qué hacer en la pausa: hay que intentar liberar de tensión tanto el cuerpo como la mente.

Relajación física: se puede hacer algún ejercicio físico, como caminar, ordenar o limpiar, estiramientos, etcétera y/o respiraciones o alguna relajación corta. A veces la tensión es tan elevada que supone demasiado contraste pasar de la tensión a la relajación absoluta. En este caso lo primero es procurarse alguna forma de desahogo de la tensión física, ya sea corriendo, dando puñetazos a una almohada, cerrando fuertemente los puños o tensando todo el cuerpo para luego distenderlo.

Relajación mental: durante o después de la relajación física, convendría leer automensajes anti-ira (hablaremos de ellos a continuación). Debería llevarse siempre consigo una hoja con dichos automensajes.

• Transcurrido el tiempo de *Time Out*, regresaremos a la situación para continuar de forma constructiva con lo que se dejó a medias.

Elaborar Pensamientos Alternativos anti-ira

Como ya sabemos, nuestra ira, como cualquier emoción, está siendo alimentada por una serie de pensamientos o automensajes que a su vez manan de unos Esquemas Mentales. Si estos nos producen una emoción desmesurada, es que están expresados de forma irracional. Recordemos que la Reestructuración Cognitiva consiste en sustituir aquellos pensamientos irracionales que nos hacen sentir mal y actuar erróneamente por otros Pensamientos

Alternativos que nos hagan sentir mejor y ver la situación con más objetividad. Este proceso no se logra de un día para otro, sino que se va instaurando poco a poco, a base de realizar muchas autoobservaciones (autorregistros) e intentar sustituir los pensamientos irracionales por otros alternativos. Esto lo haremos como primer paso una vez terminada la situación y, como segundo paso, durante el transcurso de esta (por ejemplo, a lo largo de un proceso de *Time Out*). Para recordar este proceso remitimos a la lectura del capítulo 5 del libro *La asertividad: expresión de una sana autoestima*.

Especialmente en el caso de la agresividad, es importante elegir unos pensamientos alternativos (no más de 4 o 5) de los que realmente estemos convencidos, que nos tranquilicen y nos hagan rebajar el nivel de tensión. Esos serán entonces "nuestros" Pensamientos Alternativos particulares, que podremos leer o incluso aprender de memoria para aplicarlos siempre que sea necesario.

Estos son algunos pensamientos alternativos que han resultado útiles a clientes nuestros:

- "Estoy muy enfadada. Voy a aplazar las decisiones/actuaciones hasta que me haya tranquilizado un poco".
- "No vale la pena enfadarse, solo concentrarse en lo que hay que hacer".
- "Es mejor no sacar conclusiones apresuradas".
- "Mientras me mantenga en calma, la situación estará en mis manos".
- "Mi rabia es una señal que me indica lo que debo hacer: es el momento de cambiar el rumbo".
- "No te compensa enfadarte, la situación/la persona es así y no puedes hacer nada".
- "No siempre es todo como tú quieres".

- "En vez de enfadarme, puedo reírme de la situación (verle la parte ridícula o cómica)".
- "Luego me va a tocar pedir perdón/me voy a sentir mal/ siempre me arrepiento".
- ¿Para qué me sirve este enfado? ¿Conseguiré lo que quiero?
- "Puedo verlo como un aprendizaje para aceptar que las cosas no siempre son como a mí me gustaría".
- "No voy a portarme como un toro bravo, voy a pensar bien. Soy una persona muy capaz de ser racional".
- "Contrólate. Eres capaz de portarte de forma racional".
- "Ya estoy exigiendo cosas que no se van a cumplir y al final la única perjudicada yo".
- "Voy a respirar hondo y considerar las cosas una por una".
- "Cuando vuelva a la situación/La próxima vez puedo intentar decir lo mismo que quería decir, pero más lentamente".
- "Si veo que me vuelve la ira puedo aplazar la conversación: *Me estoy enfadando mucho, lo hablamos…* (y fijar un momento concreto)".

☺ Elige de la lista de Pensamientos Alternativos aquellos que sientas que te puedan apaciguar más en un momento de ira, o elabora tus propios Pensamientos Alternativos. No deberían ser más de 4 o 5.

Elabora una lista con tus 4-5 Pensamientos Alternativos y apúntalos en el móvil o en un papel que lleves siempre contigo. Echa mano de tu lista siempre que te sientas enfadado, con una ligera tensión o después de haber estallado. Lo importante es que no dejes pasar una situación de ira sin haberte planteado soluciones alternativas al estallido.

Aplicación de Estrategias Asertivas alternativas a la ira

La aplicación de Pensamientos Alternativos a la ira quedaría incompleta si no pusiéramos en práctica algunas respuestas asertivas que puedan sustituir a las agresivas.

No debemos olvidar que la respuesta agresiva ofrece un refuerzo a corto plazo, que es su principal factor de mantenimiento, y que la respuesta asertiva no puede proporcionar esa inmediatez. La persona agresiva debe tener claro que si quiere ser asertiva tiene que prescindir de encontrar una solución inmediata a lo que le preocupa. Dicho de otra forma, tiene que aprender a demorar la respuesta.

Las tres estrategias asertivas que mejor encajan como alternativas a la agresividad son:

Asertividad Elemental

Estoy enfadado porque…

Me estoy empezando a mosquear por…

Esta respuesta es muy efectiva porque nos frena y da a la otra persona la oportunidad de decidir cómo comportarse. Aunque parezca lo contrario, a la persona agresiva le cuesta mucho sacar este tipo de respuesta, "reconocer" que es ella quien tiene el malestar.

Pregunta Asertiva

O "en vez de afirmar, preguntar".

Como sabemos, la persona agresiva es muy impulsiva y muchas veces tiende a sacar conclusiones precipitadas antes de que la otra persona haya comenzado o terminado de explicarse. En vez de "¿Cómo que no te ha dado tiempo a terminar si llevas toda la mañana con ello?", se podría preguntar: "¿Por qué no te ha dado tiempo a terminar?". Si preguntáramos más ¡nos llevaríamos muchas sorpresas!

Mensaje Yo

Esta es otra respuesta que cuesta poner en práctica cuando uno se siente agresivo, pero muy efectiva como alternativa. Es parecida a la *Asertividad Elemental* por cuanto que reconoce una emoción, pero se permite sugerir una alternativa:

"Como me dices que no te ha dado tiempo a terminar, siento que me estás tomando el pelo y eso me enfada. ¿Nos sentamos y vemos con calma qué ha pasado?".

La conducta no verbal es muy importante a la hora de emitir respuestas alternativas a la agresiva. La persona agresiva debe vigilar sobre todo el tono y el volumen. Un truco podría ser intentar decir la frase asertiva con una sonrisa, aparte de bajar el volumen de voz y hablar más lentamente.

Pensar en soluciones alternativas

Este paso no tiene por qué ser necesariamente el último.

Hasta ahora hemos analizado cómo disminuir la respuesta agresiva y convertirla en una asertiva, pero lo más probable es que, para la persona que frecuentemente estalla en ira, las situaciones continúen sin solucionarse. Yo puedo esforzarme en emitir una respuesta más calmada y en decirme que no vale la pena enfadarme, pero si no veo solución al problema que se me está presentando o si continúo afianzado en "mi" solución, dejaré pronto de ser asertivo y volveré a la agresividad, porque al fin y al cabo lo que quiero es que las cosas se solucionen y que no se vuelvan a repetir los errores.

Por lo tanto, además de pensar cómo responder de otra forma distinta a la agresiva, deberíamos buscar una solución alternativa para el problema que nos ha enfadado.

Como ejemplo podemos poner a Juana, la persona agresiva que describíamos al principio del libro *La asertividad: expresión de una sana autoestima*.

Juana relataba sentirse muy enojada cada vez que su anciana madre se equivocaba con el teléfono móvil. Juana le había explicado repetidas veces su funcionamiento, pero su madre se confundía de teclas, se olvidaba de los pasos que tenía que seguir para leer un mensaje, etc. Juana se "ponía de los nervios" cada vez y terminaba gritando a su madre: "¿Pero otra vez, mamá? ¡Te lo he explicado ya quinientas veces! (…)".

Aplicando estos pasos para disminuir su ira, un día que estando con su madre esta quiso hacer una llamada y se encontró con que se había olvidado de recargar la batería, Juana iba a comenzar con su retahíla de enfados, pero de repente se planteó: "¿Para qué va a servir mi regañina? ¿Va a acordarse la próxima vez de recargar el móvil? ¡No! Solo se va a sentir una inútil, pero nada más". Y por ello optó por decirle en un tono más suave: "Mamá, mira, te has olvidado de recargar la batería. Te voy a poner un cartel en la puerta, de manera que cuando vayas a salir de casa, leas: "¿*Recargar batería*? y así te acordarás cada vez".

Es importante pensar siempre en soluciones alternativas a estallar en ira, sobre todo en aquellas situaciones que sean recurrentes. De nuevo habrá que tener en cuenta que la solución alternativa dará resultado a más largo plazo y exigirá un esfuerzo, pero que a la larga compensará haberla aplicado.

Preparar más las situaciones en las que previsiblemente me sienta mal

Este último paso es una consecuencia de todos los demás. Consiste simplemente en prevenir las situaciones recurrentes de conflicto o aquellas puntuales en las que tememos estallar en ira. En vez de tirarnos a la piscina esperando que esta vez las cosas salgan como nos gustaría, podemos prepararnos mentalmente por si no ocurre así. Para ello es muy útil dividir la situación de probable conflicto en cuatro momentos, como describimos en el capítulo 5 del libro *La asertividad: expresión de una sana autoestima*, siguiendo la Técnica de la Inoculación del Estrés de Meichenbaum, y prepararnos las respuestas alternativas que podemos dar. El siguiente ejemplo fue aplicado con varios clientes y resultó muy útil.

Antes de la situación, cuando preveas que puede haber un conflicto:

- Prepárate mentalmente las respuestas y las reacciones adecuadas. "Ponte en lo peor" y planifica qué hacer.
- Imagínate haciéndolo bien: qué dirías, cómo te comportarías, qué cara podrías poner, qué actitud transmitirías...
- Identifica los pensamientos que te están "cargando" respecto a la situación e intenta sustituirlos por otros como:
  —Esta es una situación difícil, pero puedo manejarla.
  —Puedo pensar en un plan para encararla.
  —Debo recordar que no tengo que tomarme las cosas como agravios personales.

Al enfrentarte a la situación, cuando ya te la ves encima:
- Intenta relajarte.
- Procura distanciarte momentáneamente de la situación: aléjate un poco, ve al servicio… y date tiempo para prepararte.

- Identifica los pensamientos que están interfiriendo en tu comportamiento y sustitúyelos por otros como:
  - —Mientras me mantenga en calma, la situación estará en mis manos.
  - —No tengo que probarme nada.
  - —No vale la pena enfadarse, solo concentrarse en lo que hay que hacer.
  - —Es mejor no sacar conclusiones apresuradas.

Al encontrarte metido de lleno en la discusión:

- Piensa en la relajación: respira hondo antes de contestar, relaja los músculos que notes tensos.
- Si puedes, aléjate momentáneamente de la situación (*Time Out*) y date tiempo para volver a la tranquilidad. Si te resulta imposible relajarte, haz algo que te desahogue y que no sea discutir: saltar, bailar, dar un paseo andando rápido, etc.
- Piensa que siempre es mejor quedar como "raro" por haberte ido que como "agresivo" o "intratable" por haber discutido demasiado.
- Repítete cosas como:
  - —Mis músculos se están poniendo tensos. Debo relajarme y dejar que las cosas vayan más lentas. (Probablemente tendrás que repetirte esto muchas veces antes de ver los resultados).
  - —Debo respirar hondo y considerar las cosas una por una.
  - —Mi rabia es una señal que me indica lo que debo hacer: es el momento de cambiar el rumbo.
  - —Voy a pensar constructivamente.

Después de una discusión, tanto si ha salido bien como si no:

- Si te parece que tu reacción no ha sido la adecuada, no pasa nada, piensa cómo se puede arreglar.
- Si la situación ha salido mal, piensa cosas como estas:
    —No dejaré que esto interfiera en lo que hago bien.
    —Debo relajarme. Me servirá de más que si sigo enfadado.

… Y SEA COMO SEA EL RESULTADO,
SIEMPRE PUEDES VOLVER A INTENTARLO

8

LAS DIEZ REGLAS BÁSICAS
DE LA ASERTIVIDAD

Aquí te presentamos diez reflexiones que te pueden ser útiles para llegar a ser una persona asertiva:

1. El que una interacción nos resulte satisfactoria depende de que nos sintamos valorados y respetados y esto, a su vez, no depende tanto del otro, sino de que poseamos una serie de *habilidades* para responder correctamente y una serie de *convicciones* o esquemas mentales que nos hagan sentirnos bien con nosotros mismos.

2. Es difícil ser asertivo si no se tiene una buena *autoestima* y es cuando menos difícil tener una buena autoestima si se carece de habilidades asertivas para exteriorizarla.

3. La asertividad, igual que la sumisión y la agresividad, se *aprenden*. Por lo tanto, si una conducta o pensamiento nos está causando dificultades siempre podemos des-aprenderlo y aprender nuevas formas de conducta.

4. Si quieres cambiar algún aspecto de ti, tendrás que cambiar por igual tus *pensamientos, tu estado corporal (relajación) y tu conducta.*

5. Para poder empezar a trabajar hay que *delimitar exactamente cuál es el problema*, dónde, cómo y con quién ocurre. Si permanecemos en una descripción global, el problema no podrá solucionarse nunca.

6. Para que un mensaje se considere transmitido de forma asertiva, las señales no verbales tienen que ser *congruentes* con el contenido verbal.

7. El objetivo de la asertividad es expresar el respeto que uno siente hacia sí mismo y reclamar ese mismo respeto de los demás, pero *no lo es lograr que el otro cambie* y deje de comportarse como lo está haciendo.

8. La mejor manera de expresar respeto hacia uno mismo y hacia los demás es teniendo en cuenta en todo momento que todos tenemos unos *Derechos* que hemos de respetar si queremos convivir asertivamente.

9. *La respuesta agresiva no sirve para solucionar* una situación. Solo sirve para suscitar en la otra persona una respuesta emocional negativa.

10. La persona asertiva; *no busca defenderse, sino respetarse; no busca ganar, sino llegar a un acuerdo.*

Escríbenos con tus sugerencias, críticas y reflexiones a:

sije@cop.es

www.sijepsicologia.com

La asertividad: expresión de una sana autoestima
38ª edición

Olga Castanyer

ISBN: 978-84-330-1141-1

La Asertividad: para unos, un método para hacer valer los propios derechos; para otros una forma de no dejarse pisar. En cualquier caso, una manera de aumentar las propias Habilidades Sociales. En este libro se le añade otro cariz al tema: la asertividad unida a la autoestima, como camino para aumentar ésta.

Si nos queremos y respetamos, seremos capaces de querer y respetar al otro. Y la única forma de hacerlo es desarrollando una sana autoestima que nos permita estar seguros de nuestra valía única y personal y nos ayude a hacer valer nuestros derechos sin pisar los del otro. Pero ¿cómo hacerlo? ¿Cómo lograr tener respeto ante uno mismo?

Por medio de ejemplos y ejercicios, este libro pretende dar respuesta a las cuestiones anteriores y así convertirse en un manual para desarrollar una sana asertividad dentro del marco de la autoestima.

¿Por qué no logro ser asertivo?

8ª edición

Olga Castanyer
Estela Ortega

ISBN: 978-84-330-1582-2

¿Por qué no logro ser asertivo? Ésta es quizás una de las preguntas que se escucha con mayor frecuencia en las consultas de los psicólogos.

La asertividad, como por otro lado demuestra la calurosa acogida del libro publicado en esta misma colección por Olga Castanyer La asertividad: expresión de una sana autoestima, se ha convertido en el gran caballo de batalla de numerosas personas y, por qué no decirlo, de muchos psicólogos.

Este libro, continuación del que hemos mencionado en líneas anteriores, pretende seguir dando respuesta, de una manera clara y eminentemente práctica, a aquellas cuestiones relacionadas con la asertividad: autoestima, afirmación personal, habilidades sociales y relaciones interpersonales, que tanta expectación generan en la sociedad actual.

Yo no valgo menos
Sugerencias cognitivo-humanistas para afrontar la culpa y la vergüenza
3ª edición

Olga Castanyer

ISBN: 978-84-330-2198-4

Todas las personas nacemos iguales, con los mismos mecanismos que nos aseguran una supervivencia en la sociedad.

Es la educación la que hace que unos se desarrollen de una forma y otros de otra. Mecanismos como la autocrítica y sentimientos como la culpa y la vergüenza, tienen su función importante para el desarrollo sano de la persona, pero pueden evolucionar también de forma que causen daños en esa persona.

Lo que se ha aprendido de forma errónea se puede reaprender para lograr sentirse a gusto y en paz consigo mismo, pues todos tenemos derecho a ser felices.

Este libro ofrece una comprensión de los complejos mecanismos de la autocrítica y la culpa, y unas pautas para reaprender el camino de la autoestima y pasar de la mera supervivencia a una vida plena.

Yo decido
La tecnología con alma
2ª edición

José Luis Bimbela

ISBN: 978-84-330-2693-4

Aquí y ahora. Inmersos en diversas y convergentes crisis: económica, política, social y ética, ha llegado el momento de retomar el poder sobre nosotros mismos y sobre nuestras vidas. Sobre nuestra felicidad y nuestras decisiones. Nos lo jugamos (casi) todo. Ha llegado el momento del self counseling, porque aquí y ahora… nosotros decidimos.

El *self counseling* es un "qué" (un conjunto de habilidades para la relación con uno mismo y con los demás) y es también un "para qué" (mejorar el bienestar; la salud, física, emocional, espiritual y social de uno mismo y de los demás). Y ese "para qué", ese objetivo final (irrenunciable) constituye el "alma" del self counseling, lo que le diferencia de otro tipo de técnicas, habilidades o estrategias que se ofrecen en el mercado de la inteligencia emocional, la autoayuda o el crecimiento personal. Mi bienestar, mi felicidad y el bienestar y la felicidad del otro, el "con quién" del self counseling, que constituye una forma distinta de relacionarse con uno mismo y con "el mundo", basada en el respeto mutuo y la confianza. Una forma distinta, más saludable, de vivir.

No hay pastillas para el dolor emocional o el malestar social. Lo que sí hay, y se las presentamos entusiasmados en este libro, son Tablas de Gimnasia (Emocional, Social, y Motivacional) que le ayudarán a que los dolores (emocionales, espirituales, sociales y buena parte de los dolores físicos asociados) disminuyan, se hagan más soportables e incluso, desaparezcan. De manera que el bienestar, el goce, y la felicidad, ocupen cada vez más espacio en su día a día.

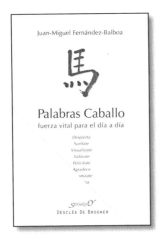

Palabras caballo
Fuerza vital para el día a día

Juan-Miguel Fernández-Balboa

ISBN: 978-84-330-2651-4

Este libro destaca por su original planteamiento, su lenguaje directo y coloquial y, sobre todo, la profundidad de sus enseñanzas.

Partiendo de los fundamentos del coaching ontológico y utilizando la metáfora de un auriga avezado (significando al propio lector o lectora) y sus veintiséis caballos (sus potencialidades), el Dr. Fernández-Balboa hilvana un eficaz método pedagógico para el autoconocimiento y el crecimiento personal que culmina en poderosas propuestas —atinadas, sencillas y prácticas. Para ello, de forma ingeniosa, utiliza ejemplos de su propia y extensa práctica profesional (como profesor universitario y coach certificado), historias con un cariz filosófico e información científica extraída de varios campos.

Cada capítulo, en definitiva, va aportando pequeñas pepitas de oro que, en su conjunto, configuran un valioso tesoro. Quien lea este libro se sentirá enriquecido, inspirado y acompañado en su camino hacia sus sueños y su felicidad.

Sal de tu mente, entra en tu vida
La nueva Terapia de Aceptación y Compromiso

Steven C. Hayes

ISBN: 978-84-330-2643-9

La gente sufre. No se trata solo de que sienta dolor físico; el sufrimiento es mucho más que eso. Los seres humanos tienen que habérselas también con el dolor psíquico que experimentan: con sus emociones y pensamientos negativos, con los recuerdos desagradables, los impulsos y sensaciones negativas. Tienen todo eso en la cabeza, se preocupan por ello, lo lamentan y lo temen. Pero, al mismo tiempo, demuestran un enorme valor, una profunda compasión y una notable capacidad para afrontar sus problemas.

Este libro se basa en la Terapia de Aceptación y Compromiso (ACT), una nueva modalidad de psicoterapia respaldada científicamente y que forma parte de lo que ha dado en llamarse la tercera generación de terapia conductual y cognitiva. Esta investigación sugiere que muchas de las técnicas que utilizamos para solucionar nuestros problemas, en realidad, nos tienden trampas que aumentan nuestro sufrimiento. La mente humana, esa maravillosa herramienta de control del entorno, acaba por convertirse en nuestro peor enemigo. Este libro trata sobre cómo pasar del sufrimiento al compromiso con la vida, cómo vivir a partir de ahora con (y no a pesar de) el pasado, los recuerdos, los miedos y la tristeza, para poder empezar de una vez nuestra vida.

ACT no es una panacea, pero los resultados científicos son abundantes y positivos. En todo caso, vente con tu escepticismo, incluso con tu cinismo, a este viaje. ¿Qué puedes perder? ¿No sería estupendo que pudieras salir de tu mente para entrar en tu vida?

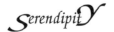

DIRECTORA: OLGA CASTANYER

178. *Palabras caballo. Fuerza vital para el día a día.* Dr. Juan-Miguel Fernández-Balboa
179. *Fibromialgia, el reto se supera. Evidencias, experiencias y medios para el afrontamiento.* Bruno Moioli (2ª ed.)
180. *Diseña tu vida. Atrévete a cambiar.* Diana Sánchez González y Mar Mejías Gómez (2ª ed.)
181. *Aprender psicología desde el cine.* José Antonio Molina y Miguel del Nogal
182. *Un día de terapia. Radiografía de las emociones.* Rafael Romero Rico
183. *No lo dejes para mañana. Guía para superar la postergación.* Pamela S. Wiegartz, Ph.D. y Levin L. Gyoerkoe, Psy.D.
184. *Yo decido. La tecnología con alma.* José Luis Bimbela Pedrola (2ª ed.)
185. *Aplicaciones de la asertividad.* Olga Castanyer (2ª ed.)
186. *Manual práctico para el tratamiento de la timidez y la ansiedad social. Técnicas demostradas para la superación gradual del miedo.* M.M. Antony, y R.P. Swinson.
187. *A las alfombras felices no les gusta volar. Un libro de (auto) ayuda... a los demás.* Javier Vidal-Quadras
188. *Gastronomía para aprender a ser feliz. PsiCocina socioafectiva.* A. Rodríguez Hernández
189. *Guía clínica de comunicación en oncología. Estrategias para mantener una buena relación durante la trayectoria de la enfermedad.* Juan José Valverde, Mamen Gómez Colldefors y Agustín Navarrete Montoya
190. *Ponga un psiquiatra en su vida. Manual para mejorar la salud mental en tiempos de crisis.* José Carlos Fuertes Rocañín
191. *La magia de la PNL al descubierto.* Byron Lewis
192. *Tunea tus emociones.* José Manuel Montero
193. *La fuerza que tú llevas dentro. Diálogos clínicos.* Antonio S. Gómez
194. *El origen de la infelicidad.* Reyes Adorna Castro
195. *El sentido de la vida es una vida con sentido. La resiliencia.* Rocío Rivero López
196. *Focusing desde el corazón y hacia el corazón. Una guía para la transformación personal.* Edgardo Riveros Aedos
197. *Programa Somne. Terapia psicológica integral para el insomnio: guía para el terapeuta y el paciente.* Ana María González Pinto • Carlos Javier Egea • Sara Barbeito (Coords.)

Serie MAIOR

29. Manual práctico de psicoterapia gestalt. Ángeles Martín (9ª ed.)
30. Más magia de la metáfora. Relatos de sabiduría para aquellas personas que tengan a su cargo la tarea de Liderar, Influenciar y Motivar. Nick Owen
31. Pensar bien - Sentirse bien. Manual práctico de terapia cognitivo-conductual para niños y adolescentes. Paul Stallard
32. Ansiedad y sobreactivación. Guía práctica de entrenamiento en control respiratorio. Pablo Rodríguez Correa
33. Amor y violencia. La dimensión afectiva del maltrato. Pepa Horno Goicoechea (2ª ed.)
34. El pretendido Síndrome de Alienación Parental. Un instrumento que perpetúa el maltrato y la violencia. Sonia Vaccaro - Consuelo Barea Payueta
35. La víctima no es culpable. Las estrategias de la violencia. Olga Castanyer (Coord.); Pepa Horno, Antonio Escudero e Inés Monjas
36. El tratamiento de los problemas de drogas. Una guía para el terapeuta. M. del Nogal (2ª ed.)
37. Los sueños en psicoterapia gestalt. Teoría y práctica. Ángeles Martín (2ª ed.)
38. Medicina y terapia de la risa. Manual. Ramón Mora Ripoll
39. La dependencia del alcohol. Un camino de crecimiento. Thomas Wallenhorst
40. El arte de saber alimentarte. Desde la ciencia de la nutrición al arte de la alimentación. Karmelo Bizkarra
41. Vivir con plena atención. De la aceptación a la presencia. Vicente Simón (2ª ed.)
42. Empatía terapéutica. La compasión del sanador herido. José Carlos Bermejo
43. Más allá de la Empatía. Una Terapia de Contacto-en-la-Relación. Richard G. Erskine - Janet P. Moursund - Rebecca L. Trautmann
44. El oficio que habitamos. Testimonios y reflexiones de terapeutas gestálticas. A. Martín (Ed.)
45. El amor vanidoso. Cómo fracasan las relaciones narcisistas. Bärbel Wardetzki
46. Diccionario de técnicas mentales. Las mejores técnicas de la A a la Z. Claudia Bender - Michael Draksal
47. Humanizar la asistencia sanitaria. Aproximación al concepto. José Carlos Bermejo